프랑스 위그노 이야기

THE HUGUENOTS
by Alison Grant, Ronald Mayo
Copyright © Longman Group Ltd 1973

Korean translation copyright © 2018 Byoung Soo Cho
Garzim Publishing Co.
Yongin Korea
All rights reserved.

프랑스 위그노 이야기

초판 1쇄   2018년 6월 1일
    2쇄   2019년 1월 3일

지은이   Alison Grant, Ronald Mayo
번 역   조병수
발행인   조병수
펴낸곳   가르침
주 소   경기도 용인시 수지구 성복1로 157
전 화   (010)3143-5760
신고번호   제 2017-000091호
신고일   2017년 11월 20일 (2003년 5월 15일)
편 집   조예람
디자인   조예람
인쇄처   예원프린팅(031)902-6550
총 판   (주)기독교출판유통(031)906-9191
값   12,000원

ISBN   978-89-954266-7-8 (03230)

표지그림
<Le Temple de Paradis>, Jean Perrissin, 1569-1570.

프랑스 위그노 이야기

앨리슨 그랜트·로날드 메이요 지음 | 조병수 옮김

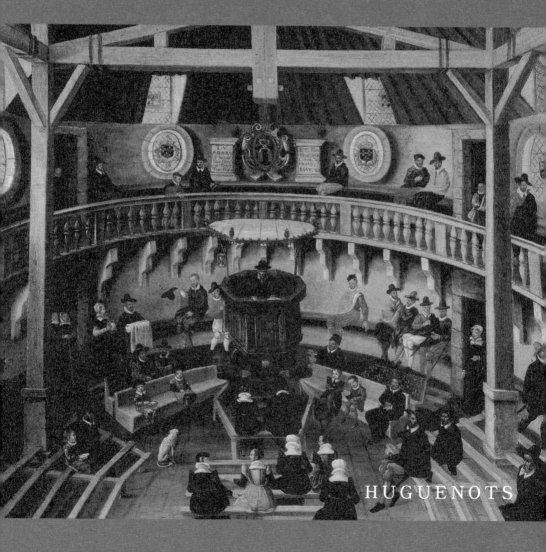

HUGUENOTS

가르침

목차

일러두기

본서의 프랑스 인명 및 지명은 다음과 같이 음역하였으며, "R" 발음은 "ㄹ"로 표기하였다.

이름

Abraham 아브라암 Agrippa 아그리빠 Alexandre 알렉쌍드르 Anne 안느 Anne-Elisabeth 안느-엘리자베뜨 Antoine 앙뚜안느 Bernard 베르나르 Catherine 까뜨린느 Clémence 클레망쓰 Condé 꽁데 Eléonore 엘레오노르 Elisabeth 엘리자베뜨 Etienne 에띠엔느 François 프랑수아 Gaspard 가스빠르 Henrietta Maria 앙리에따 마리아 Jacob 쟈꼽 Jacques 쟈끄 Jean 쟝 Jeannett 쟈네뜨 Louis 루이 Madeleine 마들랜느 Marguerite 마르그리뜨 Marie 마리 Marie-Anne 마리-안느 Marquis 마르끼 Mathurin 마뛰랭 Nicolas 니꼴라 Olivier 올리비에 Paul 뽈 Père 뻬르 Philémon 필레몽 Philibert 필리베르 Philippe 필립 Pierre 삐에르 René 르네

성

Basville 바비으 Bosse 보쓰 Boursiquot 부르씨꼬 Breughel 브뢰겔 Calvin 깔뱅 Casamajor 까자마조르 Caumont de la Force 꼬몽 드 라 포르스 Cavalier 까발리에 Court 꾸르 Crommelin 끄로믈랭 d'Aubigné 도비네 de Coligny 드 꼴리뉘 de Maintenon 드 맹뜨농 de Medici 드 메디씨 de St Michel 드 쌩 미셸 Dillot 디이요

du Plessis Mornay 뒤 플레씨 모르네 Dubois 뒤브와 Fontaine 퐁텐느
Garnier 갸르니에 Gautier 고띠에 Guiton 귀똥 Hamelin 아믈랭
Houblon 우블롱 Lachaise 라셰즈 Lamerie 라므리
Laroche 라로슈 Louvois 루브와 Marillac 마리악 Marot 마로
Marteilhe 마르떼르 Migault 미고 Palissy 빨리씨 Pellisson 뻴리쏭
Peloquin 쁠로깽 Portal 뽀르딸 Ravaillac 라바이악
Richelieu 리슐리외 Sully 썰리 Villiers 비이에

기타 이름

Buckingham 버킹검 Oliver Cromwell 올리버 크롬웰
Denbigh 덴비 Downe 다운 John Evelyn 존 이블린
Frederick 프레데릭 Ignatius Loyola 이냐시오 로욜라
Martin Luther 마르틴 루터 James Millerd 제임스 밀러드
Willem Orange 오라니에 빌럼 Samuel Pepys 새뮤얼 페피스
Walter Raleigh 왈터 랄레이 Ruisdael 뤼스달 Trelawny 트렐로니

지명

(도시) Dieppe 디에쁘 Jersey 저르제 La Rochelle 라로셀
Lyons 리용 Mougon 무공 Nantes 낭뜨 Noyon 누아용
Pampin 빵뺑 Poitiers 뿌아띠에 Rouen 루앙
Saintes 쌩뜨 Sancerre 쌍쎄르 Tournelle 뚜르넬르 Vassy 바씨

(주) Argues 아르그 Aunis 오니 Béarn 베아른 Berry 베리
Cévennes 쎄벤느 Ivry 이브리 Languedoc 랑그독
Moncontour 몽꽁뚜르 Normandy 노르망디 Périgord 뻬리고르
Picardie 삐까르디 Poitou 뿌아뚜 Saint Denis 쌩 드니

Saintonge 쌩똥즈
(왕국) Navarre 나바르

기타 지명

Appledore 애플도오 Avon 에이번 Barnstaple 반스터플
Bearhaven 비어해븐 Belfast 벨파스트 Bridgwater 브릿지워터
Bristol 브리스틀 Canterbury 캔터베리 Clifton 클리프턴
Colchester 콜체스터 College Green 칼리지 그린 Cork 코르크
Drakenstein 드라켄슈타인 Dunkirk 덩께르끄 Exeter 엑세터
Fransche Hoek 프랑슈후크 Friedrichsdorf 프리드리힉스도르프
Gaunts 곤츠 Hampshire 햄프셔 Lisburn 리즈번
New Rochelle 뉴로셸 Norwich 노리치 Orchard Street 오처드 가
Plymouth 플리머스 Portsmouth 포츠머스 Severn 세번
Southampton 사우샘프턴 Spitalfields 스피탈필즈
St Augustine's Back 세인트 어거스틴스 백
St Augustine's Parade 세인트 어거스틴스 퍼레이드
Saint Mark Chapel 세인트 마크 채플 Taunton 톤톤
Threadneedle 뜨레드니들

저자의 말

여러분 모두는 가끔 소수로 살아간다는 것이 어떤 기분일지 아셔야 한다. 소수 집단에 속해 수적으로는 열세이고 투표에서도 지는 것 말이다. 반대로 승리자의 편인 다수에 속하는 것은 얼마나 안전하고 자유로운가. 다수 집단은 언제나 더 크기 때문에, 때때로 맞은편에 있는 사람들을 조롱하거나 괴롭히며 폭력과 가혹한 짓을 휘둘러보고 싶은 생각이 일어난다. 지지를 받는 주모자들은 제동을 당하지 않는 한, 정말로 고통을 가할 수 있다는 생각을 가진다.

16세기와 17세기의 프랑스 위그노들은 신교 신앙을 가지고 있었던 까닭에 다수 가톨릭 집단과 구분된 소수 집단이었다. 그들을 공격하는 일은 좀처럼 그치지 않았고, 오히려 프랑스 정부와 교회가 공격을 조장하였다. 그 결과 근대의 역사에서 가장 소름끼치는 박해 가운데 하나가 벌어지고 말았다. 박해를 모면한 사람들은 다른 나라들로 피신을 했지만, 거기에서도 그들은 이주자라는 독특함 때문에 다시 한 번 소수 집단의 삶을 경험해야만 했다.

위그노 이야기를 쓰는 목적은 여러분에게 박해의 흉악함을 보여주려는 데 있다. 20세기를 살고 있는 우리는 여전히 소수 집단과 이주자 공동체의 문제에 봉착해 있다. 그러나 여론은 정부의 정책에 영향을 줄 수 있으므로, 사회에 속한 모든 사람에게 박해의 공포 없는 삶을 허용하는 대책을 강구하는 일은 결국 여러분의 몫이 될 것이다.

1 ARTOIS
2 TOURAINE
3 NIVERNAIS
4 BOURBONNAIS
5 LYONNAIS
6 AUNIS
7 ANGOUMOIS
8 LIMOUSIN
9 VENAISSIN

• 프랑스 지도

1장. 피난

　살을 에이 듯이 추운 어느 겨울날 땅거미가 질 무렵, 이상한 행렬이
시작되었다. 맨 앞에는 한 남자가 양쪽에 바구니를 매단 말을 몰고
있었고, 바구니에는 어린 아이가 한 명씩 들어있었다. 말 등에는 아홉
살 난 여자아이가 탔고, 조금 더 나이든 남자아이 두 명과 젊은 여성
한 명은 걸어서 따라가고 있었다. 또 다른 남성은 후위를 맡고 있었다.
이윽고 날이 저물었는데도, 일행에게는 아직도 갈 길이 10킬로미터나
남아 있었다. 하지만 며칠 전 심하게 내린 비로 길이 물에 잠겨 도저히
걸어갈 형편이 못 되었다. 그러나 그 일행 가운데 아무도 도로 쪽으로
나갈 마음을 갖지 않았다. 이 이동에 관한 이야기를 직접 들어보자.
　"우리는 이미 늪으로 변해버린 들판을 가로질러 울타리가 매우
높은 포도원을 통과했습니다. 땅은 푹푹 꺼져 장딴지까지 빠지는
바람에 한 걸음도 제대로 뗄 수가 없었습니다. 우리는 자주 낭떠러지의
가장자리를 밟고 지나갔습니다. 그때는 알지 못했지만, 그 낭떠러지는
무섭기 짝이 없는 깊이라 만일 낮이었더라면 우리는 그곳을 조심스럽게

피해 가야만 했을 것입니다. 칠흑같이 어두운 밤에 아무것도 모르는 우리에게 그곳을 안전하게 지나가도록 인도하신 것은 은혜가 크신 하나님의 손길이었습니다."

이 사람들은 도대체 누구이며 어디로 그렇게 몰래 가고 있었던 것일까? 그 일행을 이끄는 사람은 사십 대 초반에 홀아비가 된 쟝(영어로는 존John) 미고라 불리는 인물이었다. 젊은 여성은 그의 맏딸 안느이고, 아이들은 그녀의 어린 동생들이었다. 말 바구니에 있던 올리비에는 겨우 네 살밖에 안 되었고, 엘리자베뜨는 일곱 살이었다. 말 등에 앉은 작은 여자아이의 이름은 마리였다. 그 뒤에 걸어오는 남자아이들은 루이와 삐에르였는데, 나이가 열세 살과 열한 살이었다. 그 가족과 친한 친구인 쟝 디이요가 합류해서 함께 빵뺑으로 가는 중이었다. 그곳은 프랑스의 대서양 연안에 위치한 라로셸의 큰 항구에서 수 킬로미터 떨어진 해안에 있었다. 때는 1688년 1월 16일이었다.

마침내 일행은 그곳에 도착해서 빵뺑 성 근처에 있는 작은 집으로 갔다. 그 집은 황량하게 펼쳐진 바닷가에서 몇 미터 떨어져 있었다. 다른 여러 피난 가족이 바닷가에 모였지만, 미고는 지친 아이들을 집안으로 피신시켰다. 갑자기 찢어지는 듯한 소리가 들리고 한 사람이 집안으로 뛰어 들어오면서 외쳤다. "수비대가 바닷가에 나타났어요. 빨리 피하세요!" 외침을 들은 사람들이 순식간에 혼란에 빠져 바깥 어둠 속 질퍽한 들로 도망을 쳤다. 미고는 아이들 모조리 데리고는 도망칠 희망이 없다는 것을 알았다. 그러나 다행히도 그 외침은 잘못된 것이었기 때문에 다시 안정을 찾고 기다릴 수가 있게 되었다. 잠시 후 배가 도착했다는 소식이 왔다. 모든 사람이 달려 나갔지만, 어둠 속에서 헤매다가 길을 잃은 사람이 많았다. 미고와 그 가족은 바다에서 100미터나 떨어진 포도원에서 헤매었다. 어떤 사람이 그들을 이끌고 바닷가로 갔지만, 그들이 도착했을 때는 서른다섯 명이나 태운 배가 멀리 떨어진 깊은 물에 정박하고 있는 영국 범선을 향해 막 노를 저어 출발해버리고 말았다. 선원들은 다시 돌아오겠다는 약속을 하였다.

　쟝 미고는 후에 그가 경험한 것을 기록으로 남겼다. 그는 떠나버린 배를 바라보면서 느꼈던 마음을 다음과 같이 묘사하였다. "우리는 어쩔 수 없이 선원들이 돌아오기를 기다려야만 했습니다. 여섯 시 전에는 돌아올 수 없는 일이었습니다. 이 긴 시간동안 추위와 피로 그리고 공포감에서 생긴 모든 고통을 모조리 자세하게 적을 필요가 없을 것 같습니다." 미고와 그의 가족은 두 번 다시 배를 놓쳐서는 안 된다는 마음을 먹고, 배가 상륙할 지점에 가까운 바위 위에 앉았다. 그러나 그들에게 불행이 닥쳤다. 배가 그만 150미터나 떨어진 하구로 들어왔기 때문이다. 배를 향해 급히 뛰어가는 중에 어린아이들이 또 다시 뒤에 처지고 말았다. 선원들은 또 한 번 돌아오겠다는 말을 남겼지만, 약속을 지킬 수가 없었다. 날이 밝아오면서 바다로 나가는 짧은 구간을 순찰하는 경비선이 등장했기 때문이다. 바닷가에 남은 사람들에게 공포가 엄습하였다. 만일에 체포를 당하면 혹독한 처벌을 받을지도 모른다는 것을 알고 있었기 때문이다.

　미고의 글을 보면, 그의 가족에게 "아주 무시무시한" 상황이 벌어지고 만 것이다. 그들은 두려움에 사로잡혀 지친 몸을 이끌고 바닷가에서 피신을 하였다. 말마저도 힘이 떨어져 겨우 어린 아이들만을 태우고 갈 수 있을 정도였다. 어머니와 헤어진 웬 젊은 여성이 그 가족과 동행을 하였다. 그녀는 어머니가 배를 탔는지, 아니면 차가운 습지에서 헤매고 있는지 알지를 못하였다. 이제 와서 발걸음을 집으로 돌리는 것은 전날 밤 길을 나섰던 것보다 더 나쁜 상황이 되었다. 모든 사람이 한숨도 잠을 자지 못했기 때문이다. 미고는 이렇게 기록했다. "그 젊은 여성은 전날 밤 진흙탕 속에서 신발을 잃어버린 까닭에 거의 한 발자국도 제대로 걸을 수가 없었습니다. 나는 그녀에게 별 도움을 줄 수가 없었습니다. 나도 힘이 고갈되었고, 디이요는 아이 둘을 번갈아 업고 가야 했기 때문입니다. 그 사람의 형편은 어쩌면 이 젊은 여성보다 더 고통스러웠을 겁니다."

다행히도 그 젊은 여성은 어머니를 다시 만났고, 온 일행이 라로셸에 있는 그녀의 집으로 갈 수 있었다. 그러나 아이들은 거기에 머무는 것이 너무나 위험했기 때문에 다음날 마을 밖에 있는 동료들에게 데려가게 하였다. 부활절 날 축제를 즐기는 군중 덕분에 아무런 의심도 받지 않고 아이들이 다시 돌아왔다. 날씨도 좋아져서 그들은 빵빵을 향해 출발하였고, 이번에는 기다리고 있는 배에 안전하게 승선하여 마침내 홀란드에 도착하였다.

여러분은 미고의 가족과 다른 수만 명의 사람들이 왜 이런 고난과 위험에 직면해야만 했는지, 그리고 왜 고향을 떠나야만 했는지 궁금하실 것이다. 이에 대한 대답을 얻으려면, 미고가 태어나기 한 세기 전으로 돌아가서 프랑스 신교 신자들(위그노)의 이야기를 추적해야 할 필요가 있다.

• 위그노 망명자들의 모습

2장. 초기 위그노

위그노라는 이름은 우리 이야기보다도 150년이나 앞선 때, 1560년을 막 넘어서면서 프랑스 신교 신자들에게 사용되기 시작하였다. 비슷한 시기에 맞은편에 인쇄된 그림이 그려졌다. 이것은 보통 땅쁠temple이라고 불리는 위그노 교회를 묘사하고 있는데, 남동 프랑스에서 중요한 도시인 리용에 있었던 교회이다. 그림을 찬찬히 살펴보면 가톨릭과 다른 위그노의 신앙과 방식에 관해 많은 것을 배울 수 있다.

여러분은 그림 속에 있는 사람들의 의상이 대부분 평범하다는 것을 보실 것이다. 남성들은 흰색의 넓은 깃이 달린 단순하게 재단한 검정색 외투를 입고 높은 모자를 쓰고 있으며, 여성들은 회색의 소박한 옷을 입고 있다. 아마도 여러분이 보시기에, 이런 의상은 올리버 크롬웰 시대의 영국 청교도들이 입었던 것과 비슷할 것이다. 청교도들은 위그노들과 똑같은 생각을 가졌기 때문에 그렇다. 레이스와 리본이 달린 비싼 옷들은 그들의 검소하고 경건한 삶에 어울리지 않았다.

TEMPLE DE LYON, NOMMÉ PARADIS.

• 리옹의 교회

가톨릭 교회라면 성직자가 예복이라고 일컬어지는 화려하게 수놓은 겉옷을 입었을 테지만, 리용에서는 강단에 서 있는 남자도 다른 사람들과 똑같은 평범한 옷을 입고 있다. 그 까닭은 위그노들이 예복을 인정하지 않았을 뿐 아니라, 따로 성직자가 있다는 것을 믿지 않았기 때문이다. 대신에 위그노들에게는 교회를 섬기는 목회자들이 있었다. 하지만 목회자들도 그들과 구별된 사람들은 아니었다. 그들은 보통 목사라고 불리었는데, 이 명칭은 양떼를 돌보기 때문에 목자라는 뜻을 가진다.

위그노 교회들도 역시 그림이 보여주는 것처럼 아주 평범하다. 앉는 데 사용되는 딱딱하고 좁은 널빤지들을 보라. 물론 부유한 사람들은 조금 더 편한 의자에 앉았다. 강단의 양 옆에서 볼 수 있듯이 말이다.

여러분은 가톨릭 교회에서 흔히 보이는 주상들이나 촛대, 그리고 화려하게 조각한 장식품을 볼 수 없을 것이다. 위그노들은 이런 것들이 하나님을 예배하는 데 필요하다고 생각하지 않았다. 여러분은 또한 이 교회가 둥근 형태를 가지고 있는 것을 보실 것이다. 이와 달리 가톨릭 교회는 보통 십자가 형태로 되어 있고, 십자가의 머리 쪽에는 가장 성스러운 예식인 미사를 드리기 위한 제단이 있다. 가톨릭 신자들은 이 예식에 사용되는 빵과 포도주가 제단에 실제로 임재하신 예수님의 몸과 피라고 믿었다(지금도 그렇게 믿고 있다). 그러다 보니 제단에 접근하지 못하도록 가로대를 만들고, 미사 때는 그 앞에서 무릎을 꿇는 것은 가톨릭 신자들에게 자연스런 일이 되었다. 그러나 위그노들의 신앙은 이와 판이하게 달랐다.

그들은 예수님이 마지막 만찬에서 제자들에게 요구하신 것은 빵과 포도주를 먹음으로써 예수님을 기억하라는 것이었음을 알았다. 그래서 그들은 보통 교회의 중앙이나 모든 교우가 상징적인 양식을 위해 둥그렇게 모일 수 있는 어떤 장소에 성만찬 상을 두었다.

가톨릭 교회에서는 남성들이 하나님을 경외한다는 의미로 모자를 벗었다. 하지만 그림에서 보듯이 위그노들은 모자를 그대로 쓰고 있다. 물론 그들도 기도를 할 때나 성경을 읽을 때는 모자를 벗었다. 위그노들에게 성경은 하나님의 뜻을 알 수 있는 유일한 통로이기 때문에 매우 중요한 것이었다. 가톨릭 신자들도 성경이 중요하다는 데는 동의하였지만, 수 세기 동안 예배와 생활에 규범을 만들어낸 "교회의 말도 들어야" 한다고 생각하였다. 이런 규범들 가운데 더러는 초기 기독교 저술가들에 의해 작성되었지만, 어떤 것들은 가톨릭 교회의 머리인 베드로의 후계자로 신봉되는 교황이 만들어내기도 했다. 위그노들은 성경이 말하지 않은 것은 어떤 것도 믿으려 하지 않았고, 성경에서 주교나 교황에 관한 아무것도 발견하지 못했기 때문에 둘 다 인정을 하지 않았다.

위그노들은 하나님의 이름을 부를 때도 모자를 벗었다. 그러니까 그들은 설교를 들을 때 조금 바쁠 수밖에 없었다! 여러분이 그림을 보고 강단의 위치와 크기로 짐작하시다시피, 설교는 위그노의 예배에서 매우 중요한 요소였다. 목회자는 설교가 너무 길어지는 것을 대비하여 팔꿈치 쪽에 모래시계를 세워두었다. 그러나 교우들 대부분은 예배를 드리는 동안 즐거움을 얻었기 때문에 설교가 길어지는 것에 싫어하는 기색을 비치지 않았다. 미고가 가족과 함께 숨어있는 동안 드렸던 비밀 예배에 대한 이야기를 들어보자. "우리는 기도와 찬송, 그리고 성경 곧 하나님의 말씀을 듣는 데 안식일을 꼬박 사용했습니다. 우리는 프랑스 개혁교회(즉 위그노 교회)의 방식에 적합하게 예식을 두 부분으로 나누었습니다. 나에게 보내진 젊은이가 훌륭한 설교 두 편을 건네주었습니다. 우리 모두의 영혼은 새 힘을 얻으며 위로를 받았습니다." 만약에 예배를 드리다 적발되는 날에는 모두 투옥될지도 모를 판국이었다. 당시에는 위그노들이 박해의 대상이었고, 그들의 교회를 파괴하는 것은 당연시되었기 때문이다. 미고 때보다도 100년이나 훨씬 앞선 위의 그림이 그려졌을 시기에도 위험이 도사리고 있었다. 여러분은 그림 속의 교회 1층에 창문이 하나도 없는 것을 주목하셨는가? 이것은 적들이 엿보거나 심지어 안쪽으로 활이나 총을 쏘는 것을 대비한 것이다.

그림은 몇 가정만이 모인 자리에서 혼인예식이나 세례식을 하는 것처럼 보인다. 어떤 사람은 심지어 애완견까지 데리고 왔다. 그러나 주일날에는 예배당이 매우 붐볐다. 독일에서 마르틴 루터가 가톨릭 신앙에 도전장을 내민 직후 1520년대부터는 프랑스에서도 신교 사상이 급속히 퍼져나갔기 때문이다. 여행자들과 상인들이 다른 나라들에도 소식을 퍼 날랐고, 사람들은 열렬히 그 소식을 들었다. 가톨릭 교회는 지나친 부의 축적과 당시 성직자들이 보여준 나쁜 사례들로 말미암아 대중성을 잃었다. 루터는 자기의 사상을 포기하라는 명령을 받았을 때, 교황의 칙서를 화톳불에 던져버렸다. 머지않아 그는 저항자(프로테스탄트)라고 불리는 추종자들을 얻었다. 그런 이름을 얻은 까닭은 그들의 지도자들이 저항을 일으키고 가톨릭 교회로 돌아가는 것에 퇴짜를 놓았기 때문이다.

처음에 프랑스의 프로테스탄트는 루터파였다. 그러나 곧 새로운 지도자가 등장했는데, 그 자신이 프랑스인이었기 때문에 프랑스에서 그의 영향력은 훨씬 더 컸다. 이 사람은 1509년에 북동 프랑스에 위치한 삐까르디의 누아용에서 태어난 쟝 깔뱅이었다.

• 깔뱅

  그는 조용하고 고상하며, 총명하고 신앙심이 깊은 소년이었다.
(흥미로운 것은 루터와 깔뱅 둘 다 처음에는 훌륭한 가톨릭 신자였다는
사실이다). 깔뱅은 성직자가 되는 교육을 받고 있었는데, 그의
아버지가 교회와 불화를 빚으면서 깔뱅을 다른 도시로 보내 법학을
공부하게 하였다. 그 덕분에 깔뱅은 아주 잘 훈련받은 지성을
소유하게 되었다. 그런데 1533년 깔뱅은 하나님의 부르심을 깨닫고는
신교(프로테스탄트)에 합류를 하였다. 깔뱅은 그로부터 수년 동안
프랑스 전역을 다니면서, 이미 박해가 시작되었음에도 불구하고
기꺼이 하나님의 말씀을 듣고 싶어 하는 많은 사람들을 만났다.
깔뱅은 비밀리에 모임을 열지 않을 수가 없었다.

• **깔뱅의 동굴**

예를 들면, 프랑스 서부에 있는 쁘아뚜 근처의 동굴과 같은 장소에서 말이다. 이 동굴은 암벽 중간 지점에 있는 것이지만, 그럼에도 불구하고 많은 추종자들이 그의 설교를 들으러 왔고, 깔뱅이 그 지역을 떠난 후에는 그의 사역을 계속 이어갔다.

깔뱅은 머지않아 프랑스를 떠나야만 했다. 어느 정도 시간이 흐른 후에 그는 막 가톨릭 주교를 추방한 스위스 도시인 제네바에 정착을 하였다. 그 도시는 폭력과 음주와 부도덕이 심각할 정도로 판치는 혐오스런 상태에 처해 있었다. 깔뱅은 엄격한 신앙만큼이나 엄격한 생활을 신봉하는 사람이었다. 그는 곧바로 자신의 이념을 실행에 옮겼다. 열두 명의 장로가 선출되어 깔뱅의 지도 아래 신앙과 생활을 정화시키는 책임을 맡았다. 음주와 욕설이 금지되었고, 부도덕으로 고발을 당한 사람들은 법원에 이송되어 재판을 받았다. 교회에 가지 않는 사람들도 역시 처벌을 받았다. 춤추는 것과 놀이를 하는 것도 금지되었다. 그런 쾌락들은 잘못된 것으로 여겨졌기 때문이다. 우리 같으면 대부분 그런 사회에서는 살기 어려울 것이라고 생각하겠지만, 많은 제네바 시민들은 평화와 선한 정치를 회복하게 된 것에 대하여 깔뱅에게 감사하는 마음을 가졌다. 가난한 사람들이 돌봄을 받고, 병원이 문을 열고, 감옥의 환경도 개선되었다. 깔뱅은 심지어 도시의 하수시설에까지 관심을 기울였다. 아마도 그가 제네바에서 시도한 가장 중요한 사업은 교육일 것이다. 그는 여러 학교에 힘을 북돋우어주었다. 또한 그는 대학을 설립했는데, 여러 다른 나라에서 신교 신자들이 교육을 받으러 떼 지어왔다. 반면에 슬픈 말이긴 하지만, 신교 신자가 아닌 사람들은 신앙이 다르다는 이유로 박해를 당하기도 했다. 당시에는 사람들이 '관용'이란 것을 생각하지 못했기 때문이다. 그럼에도 불구하고 깔뱅이 사망한 해인 1564년쯤에는 제네바가 "유럽의 영광스런 도시"로 명성을 떨쳤고, 깔뱅의 사상은 제네바를 기점으로 멀리 그리고 널리 퍼져나갔다.

깔뱅의 사상을 그의 고향인 프랑스로 되가져간 사람들 가운데 필리베르 아믈랭이라는 인물이 있다. 그는 프랑스 전역을 다니면서 자신이 인쇄한 성경을 팔았다. 아마도 그는 인쇄소가 하나 이상 있었던 제네바에서 인쇄술을 익힌 것 같다. 인쇄술은 루터와 깔뱅이 자기들의 사상을 신속히 확산시키는 것을 가능하게 해주었다. 자기 나라 말로 번역된 성경을 가지는 것은 신교 신자들 사이에는 아주 흔한 일이 되었다. 가톨릭 교회는 라틴어 성경을 고수하였고, 신교의 출판물이 확산되는 것에 경계심을 높였다. 때때로 가톨릭 교회는 이런 출판물들을 군중이 보는 앞에서 불태우라는 명령을 내렸다.

하지만 이런 명령이 큰 효과를 거두지는 못하였다. 인쇄소들이 아주 많은 출판물을 찍어내서 모조리 소각할 수가 없었기 때문이다.

• 초기 인쇄 작업

　아믈랭은 여행 끝에 마침내 프랑스의 서쪽 해안에 위치한 쌩똥즈 주에 있는 쌩뜨라는 작은 마을에 도착하였다. 그는 여기에 신교 교회를 세웠고 첫 목회자가 되었다. 그러나 그는 주교의 명령으로 체포되었고, 동료들의 온갖 노력에도 불구하고 교수형을 당하고 말았다.

　신분이 낮고 가난한 여섯 사람이 아믈랭의 사역을 계속하기로 결심하고, 다른 신교 신자들과 함께 주일마다 모여, 비록 목회자는 아니지만 돌아가면서 설교를 하였다. 그러다가 얼마 지나지 않아 그들에게 목사님이 생겼고, 어려움이 없지는 않았지만 성도가 점점 많아졌다. 그 목회자가 떠나자 세 번째 목회자가 나타났다. 성도 가운데 한 사람이 이 목사님에 대하여 다음과 같은 글을 남겼다.

"그 가련한 사람은 마치 죄수처럼 방에 틀어박혀 있다가, 저녁때가 되면 사과를 먹는 것과 물을 마시는 것으로 식사를 대신하기 일쑤였습니다. 식탁보가 부족했기 때문에 그는 종종 자기 셔츠 위에 음식을 올려놓았습니다. 그만큼 우리 교회에 참석한 사람들 가운데는 잘 사는 사람이 거의 없었던 것입니다. 그래서 우리는 그분에게 사례를 드릴 방법이 없었습니다."

박해와 가난에도 불구하고 그 도시에서 신교도의 수는 계속 증가하였고 즉시 사람들의 생활에 영향을 끼쳤다. 위의 사람은 다음과 같이 계속 글을 이어간다.

"신교 신앙이 몇 년 새에 너무나 왕성하게 꽃피어 벌써부터 놀음, 춤, 가요, 술자리, 사치스런 머리 장식, 허례허식 같은 것들이 거의 그쳤습니다. 더 이상 욕설이나 살인이 벌어지지 않습니다. 주일이 되면, 동업하는 상인들이 들과 숲과 쾌적한 장소를 거닐면서 무리를 지어 시편과 찬송가와 경건한 노래를 부르고 함께 성경을 읽으며 교육하는 것을 보실 수 있을 것입니다."

이렇게 행복한 시기에, 그 교회의 설립자인 필리베르 아블랭은 헛되이 사역했거나 고난을 당한 것이 아니었음을 동료들이 입을 모아 말했을 것이다. 하지만 불행하게도 쌩뜨의 신교도들은 시편 찬송을 부르며 산책하는 것을 오래 누리지 못하였다. 박해가 다시 시작되어 그들은 어쩔 수 없이 한밤중에 비밀리에 예배를 드려야만 했기 때문이다(그렇게라도 할 수 있게 목숨을 부지한다면).

프랑스 전역에서, 특히 서쪽 지방과 남쪽 지방에서 아블랭 같은 용감한 사람들이 새로운 신앙을 계속해서 퍼뜨렸고, 1560년대에 이르러는 위그노의 숫자가 백만 명이 넘는 것으로 알려졌다. 가톨릭 교회는 큰 당혹감에 사로 잡혔고, 위그노의 확산을 막겠다는 구실로 박해를 더 일반화하였다. 그 결과로 1562년에는 시민전쟁이 터지고 말았다. 그 전쟁은 프랑스 국왕들이 저지할 수 없는 것인데다가, 때로는 자신들도 참전하는 전쟁이 되었다. 많은 귀족들이 자기들의 더 큰 야심을 이루기 위해 전쟁에 가담하였다. 그들은 추종자들을 얻는 가장 쉬운 길이 자신을 열렬한 가톨릭 신자나 또는 독실한 신교 신자라고 공표하는 데 있다는 것을 알았다. 물론 어떤 귀족들은 실제로 독실한 가톨릭 신자이거나 신교 신자였다. 마침내 이 땅에 평화를 주기 위해 오신 그리스도의 이름으로 역사상 가장 잔인한 전투들이 벌어졌다. 그것이 바로 프랑스 종교 전쟁이다.

3장. 종교전쟁

1562년 봄날 주일 아침에 바씨라는 노르망디의 작은 마을에 종이 울리고 있을 때, 기즈의 공작인 프랑수아가 한 무리 군대의 맨 앞에서 말을 탄 채 통과하고 있었다. 불현듯 그의 귀에 어떤 말소리가 들렸다. "위그노 놈들한테 설교를 들으러 오라고 종을 치는 거야." "위그노! 위그노! 제기랄, 빨리 저놈들을 위그노가 되지 못하게 만들어야겠군!" 그는 맹세를 하였다.

그 자리에서 오, 육십 명의 위그노가 죽임을 당했고, 이백 명이나 되는 사람들이 부상을 입었다. 위그노 신자들이 예배를 드리려고 모였던 마을 외곽의 헛간에서 일어난 일이었다. 부하들에게 한 사람도 남김없이 해치우라고 명령을 내린 기즈는 이 사건뿐 아니라 종교 전쟁을

• **기즈의 프랑수아 공작**

발발시킨 다른 여러 잔학한 행위 때문에 도살자라는 별명을 얻었다. 일 년이 채 되지 못해 그는 몇 명 안 되는 패거리와 함께 말을 타고 가던 중 으슥한 숲속까지 미행한 어떤 위그노가 쏜 총에 등을 맞고 죽었다. 그 암살자는 즉각 체포되었고, 지독한 고문 끝에 처형을 당했다.

이렇게 종교 전쟁이라는 무대가 세워졌다. 학살, 암살, 고문, 처형 같은 것들이 포위와 전투만큼이나 흔하게 벌어졌다. 양쪽은 극렬한 증오로 말미암아 서로 간에 말로 다 할 수 없는 만행을 저질렀다. 기즈와 그쪽 사람들은 위그노들을 교수형에 처하거나, 자루에 넣어 익사시켰고, 마차 바퀴로 돌려 찢어 죽였다. 당시에 나온 많은 그림과 인쇄물들에서 도시와 마을의 외곽에 이 목적을 위해 세운 큰 마차 바퀴들을 볼 수 있다.

바퀴가 천천히 회전할 때 바퀴살에 묶인 팔다리가 쇠막대에 의해 찢어져나가게 만든다. 위그노들도 똑같이 잔인해지지 않을 수가 없었다. 어떤 위그노 지도자는 수도원들과 수녀원들을 불 지르면서 그 안에 있는 사람들이 하나도 빠져나오지 못하게 하라는 명령을 내렸다. 그들은 가톨릭 사제들에게 최악의 모욕을 주었다. 디에쁘에서 있었던 일인데, 한 무리 사람들을 어깨까지 땅속에 묻어놓고는, 위그노들이 고약한 구주희(九柱戲, 볼링) 놀이를 하면서 큰 나무 공을 던져 그들의 머리를 맞추었다.

군대는 지방에 주둔하였다. 외국인 용병들, 특히 독일 출신의 "흑색 기마 군단"은, 누군가의 기록이 말하듯이, 파괴와 약탈을 일삼으면서 번개처럼 프랑스 전역을 휩쓸고 다녔다. 프랑스 군대도 만만치 않게 악질적이었기 때문에, 평민들은 무서운 고통을 당하였다.

"농사는 단념하였습니다. 수많은 도시와 마을이 약탈당하고 불 질러져 폐허가 되었습니다. 가난한 노동자들은 집에서 쫓겨나 가재도구와 가축을 빼앗겼습니다. 그들은 오늘은 이쪽 사람들에게,

• 〈죽음의 승리〉 그림 상단에 마차 바퀴 고문이 보인다.

내일은 저쪽 사람들에게 강탈을 당하면서, 지금껏 소유하고 있던 모든 것을 자비란 조금도 없는 사람들에게 자비를 구하기 위해서 내주고는 들짐승처럼 도망을 쳤습니다. 상업도 완전히 포기되었습니다. 아무도 자신의 재산이나 목숨을 자신할 수 없었습니다. 이렇게 종교 때문에 시작된 전쟁은 종교와 경건을 말살해버리고 말았습니다.”

유혈, 질병 그리고 기아는 30년 동안이나 지속되었고, 프랑스 인구 가운데 거의 3분의 1이 사망한 것으로 추정된다. 이것이 종교 전쟁이 치른 대가였다.

기즈의 암살자는 유명한 위그노 지도자였던 가스빠르 드 꼴리뉘 가 자신을 고용하여 기즈 공작을 살해시켰다고 자백하였다. 고문 끝에 나온 그 자백은 꼴리뉘를 알고 있던 사람들에게 사실로 받아들여지지 않았다. 그의 성품은 누구에게나 칭송을 받고 있었기 때문이다. “그의 신중함과 침착함은 보기 드문 것이었습니다. 그의 모든 거동은 정숙했습니다. 그는 언제나 생각이 깊은 사람이었습니다. 그의 언변에는 위엄이 서려 있었습니다. 그는 라틴어에 능숙했으며 신앙 연구에도 조예가 있었습니다. 그는 사람들의 총애 가운데 성장했습니다. 사람들은 그의 정직함과 친구들에 대한 헌신을 잘 알고 있었습니다.”

위의 칭찬은 꼴리뉘의 친구들이 아니라, 위그노를 무조건 싫어했던 교황의 특사가 기록한 것이다. 그러므로 이처럼 존경받는 인물이 비열하게 살해를 계획했으리라고는 거의 아무도 믿지 않았다. 하지만 살해당한 아버지 기즈를 대신하여 공작이 된 앙리는 생각이 달랐기 때문에 복수를 하겠다고 맹세하였다. 이 강한 적개심은 무서운 결과를 몰고 왔다.

• **가스빠르 드 꼴리뉘**

　꼴리뉘는 프랑스의 제독이라는 높은 직위를 가지고 있었지만, 당시에는 함대와 큰 관련이 없었다. 그러나 그는 종교 전쟁에서 꽁데의 왕자인 루이와 함께 위그노의 사령관 역할을 맡았다. 왕자가 전사하고 난 후에는 꼴리뉘가 혼자서 명령권을 책임져야 했다. 그는 실제로 전투를 치르는 것보다는 군대를 모아 훈련시키는 데 능숙한 사람이었다. 그는 용맹하게 싸웠지만 항상 승리한 것은 아니다. 하지만 그는 절대 포기하지 않았다. 적들은 그가 승리한 후보다는 패배한 후에 더 무서운 존재라고 입을 모았다. 왜냐하면 그는 신속히 그의 군대를 재조직하여 다시 공격을 가했기 때문이다.

16세기의 전투는 어떤 면에서는 중세적이고 다른 면에서는 근대적이었다. 활과 화살은 화승총 또는 조총(머스캣 총)으로 대치되었다. 총신이 긴 화승총을 쏘기 위해 사수들은 방아쇠를 당겼다.

방아쇠가 천천히 타는 끈 조각인 "화승"을 풀어놓으면, 그것은 작은 약실에 들어있는 화약에 떨어지고, 탄약에 불을 붙이면서, 탄환을 발사한다. 사수가 방아쇠를 당기기 전, 약실의 뚜껑을 열어 화승을 조정하여 제자리에 떨어져 좀 더 활활 타도록 해야 한다. 얼마나 까다롭고 시간이 걸리는 일인지 모른다! 더 무겁고 화력이 두 배나 좋은 조총은 두 발이 갈라진 받침대 위에 놓아야만 했다.

사수는 재장전하는 동안 자기들 뒤에 있는 사람들의 긴 창 아래 은신한다. 보병 가운데 대략 3분의 1은 창병인데, 5미터나 되는 창으로 무장하고는 어깨를 맞대고 밀집하여 적군 기병대의 돌진을 방어한다. 다시 그들 뒤에는 미늘창 군사들이 기다리고 있다가, 창보다는 짧은 무기를 사용해서 돌파를 시도하는 기사들과 백병전을 벌인다.

갑옷을 입은 기사들이 전쟁터에서 여전히 눈에 띈다. 그러나 갑옷이 너무나 비싸고 무겁기 때문에 유용하지 못하다. 사람들은 대신에 가죽 외투와 장화를 착용하기 시작했고, 깃털을 단 펠트 모자를 썼는데, 안쪽에는 철모를 썼다. 기병대는 돌격할 때, 일렬로 진격하다가, 말의 고삐를 잡아당겨 권총을 쏜 다음, 방향을 바꿔 뒤로 물러난다. 그러면 다음 열에 있던 기병대가 앞으로 나온다. 바퀴 방아쇠를 가진 권총은 화승총보다 빨리 쏠 수가 있다. 이것은 표면에 홈이 있는 쇠바퀴가 회전하면서 부싯돌을 때리면 약실에 들어있는 화약에 불꽃을 일으키는 무기이다. 접근전이 벌어지면 기병대는 칼을 뽑아든다.

대포도 제 때 도착하기만 하면 역시 전투에서 사용되었다. 그러나 대포는 종종 너무 늦게 도착하였다. 가장 무거운 대포는 2톤도 넘는데, 대포 한 편대를 끌기 위해서 25마리의 말이 필요했던 것이다. 게다가 전장까지 오는 도중 고르지 못한 바닥에 처박히는 경우가 한두 번이 아니었다. 프랑스에서 사용된 가장 무거운 대포알은 그 무게가 15kg이나 되었다. 컬버린포(중소형 대포)는 1kg, 3kg, 7kg의 포탄을 발사하였다. 경포 또는 경대포라고 부르는 소형대포에는 각각 0.5kg 또는 0.4kg의 탄환이 사용되었다. 이런 무기들을 한번 장전하여 발사하는 데 평균적으로 5분 정도가 걸렸고, 대충 둥글게 만든 포탄은 엉터리로 제작된 포신에 딱 맞지 않는 경우가 종종 발생해서 발사하기가 어려웠다. 그러나 대포 소리는 최소한 적군을 겁에 질리게는 했고, 가끔 실제로 피해를 입히기도 하였다!

• 16세기 대포, 머스켓 총병, 미늘창병, 창병

여기에 16세기의 전쟁이 어떤 식으로 벌어졌는지 보여주는 이야기가 하나 있다. 그것은 1569년 가을 뿌아뚜의 몽콩뚜르에서 벌어진 전투이다. 승패는 유리한 고지를 선택하는 데 달려있었다. 그러나 전투가 시작되기 직전 꼴리뉘의 독일 용병들이 급료를 받지 않으면 싸우지 않겠다며 무기를 내려놓았다. 돈을 마련하여 문제를 해소하는 데 한 시간 반이나 걸리는 바람에, 위그노들은 유리한 지점에 도달할 수가 없었다. 갑자기 적군이 진군하는 것이 보였다.

그래서 위그노들은 아침 8시부터 오후 3시까지 계속된 집중 포격을 피하기 위해 움푹 팬 협소한 곳을 차지할 시간 밖에 없었다. 그것은 최악의 상황이었다. 그들은 접근해오는 가톨릭 군대의 첫 줄을 격퇴시킬 수가 있었다. 그러자 가톨릭을 위해 싸우는 독일 흑색 기마군단이 (용병이 양편에 있었다) 폭풍우처럼 위그노들을 덮쳤다. 그리고 반시간도 채 안 되어 전투는 끝났고, 위그노들은 혼비백산하여 도주를 하였다. 기가 막히게 후퇴하여 탈출한 사람들 가운데는 왈터 랄레이라는 열여덟 살 난 청년이 있었는데, 영국 자원병이자 고급스런 군장을 갖춘 기마부대인 "위풍 부대"와 함께 위그노들을 위해 싸웠다. 그림에서 보듯이 병사들은 끝까지 지켜야 할 군기 또는 부대기를 둘러싸고 싸웠다. 승리한 가톨릭 군대는 몽콩뚜르 전투에서 200개나 되는 적군의 군기를 빼앗았다.

꼴리뉘는 전투가 시작되자마자 총에 맞아 턱이 깨졌다. 이제 그는 반역자로 낙인찍혀 그의 머리에는 현상금으로 5만 리브르가 걸렸다. 파리에서는 그를 모양 낸 인형을 교수형에 처했고, 그의 집은 불태워졌다.

그의 소유지는 약탈당했고 소유물은 경매에 붙여졌다. 더 나쁜 것은 몽콩뚜르 전투에서 그의 군대가 괴멸되어 뿔뿔이 흩어졌고, 절반 이상이나 전사했다는 것이었다.

• 1569년 몽꽁뚜르 전투

승리한 가톨릭 군대가 증오의 대상인 위그노들에게 아무런 자비도 베풀지 않았기 때문이다. 그러나 꼴리뉘는 결코 절망하지 않았다. "사람들이 우리에게서 모든 것을 앗아갔다. 하지만 하나님을 진정으로 즐거워하는 것 그 자체가 우리의 만족과 행복이 될 것이다"라고 그는 글을 썼다.

그는 즉시 자기편의 희망과 성공을 회복하는 일을 착수하고, 놀라우리만치 전국을 누비면서 신병을 모집하였다. 채 1년이 지나가기 전에 그는 자기 당했던 것보다 두 배나 더 많은 가톨릭 군대를 격파하였고, 같은 해인 1570년에는 가톨릭 쪽과 평화협정을 도출해냈다.

1570년의 평화협정을 영구화하려는 목적으로, 가톨릭 측 공주 곧 왕의 여동생인 마르그리뜨와 위그노 측 왕자인 나바르의 앙리의 결혼이 추진되었다.

아래의 가계도는 지금 이 이야기에 등장하는 많은 사람들을 보여줄 것이다.

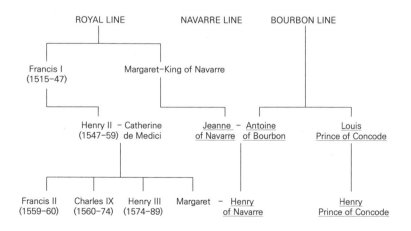

밑줄 친 인물은 위그노

프랑스의 먼 남서쪽에 있는 산지 베아른 지방에서 태어난 나바르의 앙리 왕자는 괴벽스런 할아버지에게서 성장하였다. 한동안 그는 작은 마을 근처의 한 성에서 살았는데, 그 시골 아이들처럼 "옷을 입고 음식을 먹었으며, 그들과 함께 바위를 뛰어 오르내리는 데 길들어졌다. 소문에 의하면 그가 평상시 먹은 음식은 누런 빵과 소고기, 치즈 그리고 마늘이었다. 아이들은 이따금씩 앙리한테 맨발에 모자도 쓰지 않고 다니게 하였다." 앙리는 혼인을 하던 해인 1572년에 18세가 되었다. 그는 강인했고 노련했으며, 생동감이 넘치고 명랑하였으며, 그의 거동은 낙천적이며 태평스러웠다. 그는 몽꽁뚜르 전투를 비롯해서 여러 전투에 참전하였는데, 이미 군인으로서의 실력과 담력을 보여주었다.

사람들이 보기에 앙리의 신부인 마르그리뜨는 검은색 머릿결에 짙은 눈과 맑은 피부를 지닌 정말 아름다운 여성이었다. 그러나 그녀는 모든 왕실의 아이들이 그렇듯이 거만하고 버릇이 없었다. 그녀의 오빠인 샤를 9세 왕은 불안정한 성격을 지니고 있었으며, 나이가 스무 살이나 되었음에도 불구하고 여전히 어머니 까트린느의 영향 아래 있었다. 그녀는 이탈리아 플로렌스의 재산과 학식을 자랑하는 유명한 메디씨 가문 출신이었다. 까트린느는 왕실에서 세력을 움켜쥐고 있는 뛰어난 책략가였는데, 자기 아들들을 위해 특히 그녀가 총애하는 또 다른 앙리를 위해 야심을 품고 있었다. 이 앙리는 후에 형을 이어 프랑스의 앙리 3세라는 왕이 되었다. 그는 가톨릭 신자였다. 그를 나바르의 앙리와 혼동해서는 안 된다.

혼례를 준비하고 있는 동안, 꼴리뉘는 자주 왕궁에 머물렀다. 젊은 왕은 꼴리뉘에게 크게 끌려 "이 시대의 최고 지휘관"이라고 불렀고, 때로는 심지어 그를 "아버지"라고 호칭하였다.

모후 까트린느는 질투가 끓어올랐다. 그녀는 "왕이 제독을 너무 크게 여기고, 나는 너무 작게 여긴다"고 말할 정도였다. 가톨릭 신자들은 왕이 위그노들에게 큰 호의를 베풀고 꼴리뉘의 조언에 너무 많이 귀를 기울이는 것을 두려워하면서 경각심을 높였다. 이렇게 되자 많은 사람들이 꼴리뉘를 제거해버리겠다고 공언한 기즈의 공작을 부추겼다. 거기에는 메디씨의 까트린느와 그녀의 셋째 아들 앙리도 들어있었다.

열정적인 가톨릭 교도인 파리 사람들은 수백 명의 위그노들이 나바르 왕자 앙리의 혼례에 참석하기 위해 말을 타고 도심으로 들어오는 것을 험상궂은 표정으로 말없이 지켜보았다. 왕자는 가까운 동료들과 함께 루브르 왕궁에 영빈되었다. 그 사이 꼴리뉘와 그 일행은 도심에서 숙소를 잡았다. 혼례는 1572년 8월 18일에 열렸다. 신부는 금장식에 보기 드문 레이스로 꾸민 드레스를 입고, 옷자락이 4미터나 끌리는 푸른 색 망토를 걸치고, 흰 담비 털로 만든 어깨 망토를 덧입고, 보석으로 치장한 왕관을 썼다. 심지어 손수건과 장갑에도 금을 물렸다. 삼일 동안 피로연과 무도회 그리고 연회가 열렸고, 사흘 째 되는 날 아침이 되서야 비로소 모든 것이 조용해졌다.

꼴리뉘는 그의 위그노 사위가 왕과 기즈 공작과 어울려 테니스를 치는 것을 몇 분 동안 지켜보았다. 정말로 이런 광경은 가톨릭과 신교 사이의 갈등이 끝난 것을 의미하는 듯하였다. 그래서 꼴리뉘는 왕궁에서 고작 몇 블록밖에 떨어지지 않은 숙소로 돌아가야겠다는 생각을 하며 길을 나섰을 것이다. 도중에 어떤 사람이 그에게 편지를 건네주었고, 그는 편지를 읽으면서 천천히 길모퉁이를 돌아서고 있었다. 그때 두 발의 총성이 울렸다. 제독은 비틀거리며 뒤로 물러섰다. 그는 숨을 몰아쉬며 외마디를 내뱉었다.

"총에 맞았다."

• 까트린느 드 메디씨

꼴리뉘의 부하들이 순식간에 경고를 울렸다. 몇 사람이 부상당한 꼴리뉘를 돌보고 있는 사이에 다른 사람들은 총알이 날아온 집안으로 뛰어 들어갔다. 창문이 열린 쪽에서 화승총이 발견되었지만 암살범은 도주하고 없었다. 그들은 그 작자가 기즈의 부하라는 것을 알았다. 나바르의 앙리는 즉시 꼴리뉘를 찾아가 그 같은 짓을 저지른 사람들에게 복수할 것을 맹세하였다. 국왕도 역시 제독을 방문하였다. 그는 팔에 박힌 탄환을 제거하기 위해서 이제 막 고통스러운 수술을 마친 상태였다.

국왕 샤를 9세는 사건의 배후를 찾아내어 처벌하겠노라고 맹세하였다. 아들과 동행한 모후 까트린느는 의사가 빼낸 총알을 집어 들고 손 안에서 천천히 굴렸다. 꼴리뉘 암살 실패는 그녀에게 난처한 일이 되어버렸다. 누구의 명령으로 총을 쏘았는지 위그노들이 알게 되면 분노를 터뜨릴 것을 두려워했기 때문이다. 그녀가 주위를 돌아보니, 국왕은 부상당한 제독의 귓속말을 들으면서 벌써 제독의 영향을 받고 있었다. 그래서 까트린느는 아들을 재촉해서 길을 나섰다.

다음 날 토요일에는 파리에 괴담이 깔리고 비상이 걸렸다. 위그노들은 뭔가 행동을 취하기를 바라면서도 무엇을 해야 할지 확신이 서지 않았다. 꼴리뉘를 공격한 것에 대해 누구에게 책임을 물어야 하는지 아무도 확실하게 알지 못하였다. 기즈 공작은 모든 사람이 보란 듯이 큰 허세를 벌리며 파리를 떠났다가, 얼마 되지 않아 은밀하게 다시 돌아왔다. 대부분 위그노들은 파리를 떠나는 것이 상책이라고 생각했지만, 꼴리뉘가 움직이기에는 너무 약해져 있어서 아무도 자기들의 지도자를 혼자 내버려두고 가기를 원하지 않았다. 그래서 그들은 고작해야 삼삼오오 모여서 현황을 놓고 토론을 벌이는 것밖에는 아무것도 할 수가 없었다. 하지만 이런

모임들은 가톨릭 시민들에게 의심만 불러일으켰다. 그러는 사이에
루브르에서는 까트린느가 이 위기 상황에 조언을 구하기 위해서 가장
신임하는 신하들을 불러들였다. 모든 사람이 왕에 대항하여 반역을
음모하는 위그노들에게 폭력을 사용하는 것이 옳다는 뜻을 내비쳤다.
까트린느는 국왕에게서 승낙을 받아내는 일을 맡았는데, 국왕은 끝내
그녀에게 굴복하여 그녀의 뜻을 따르기로 하였다. 기즈 공작과 다른
무리는 위그노들에 대한 공격을 궁리하였고, 밤이 깔렸을 때쯤에는
파리 전역에서 왕실을 따르는 가톨릭 신자들이 준비를 끝냈고…
그리고 기다렸다.

• 샤를 9세

4장. 성 바돌로매 축일

　1572년 8월 24일은 성 바돌로매 축일이었다. 한밤중이 되었을 때 꼴리뉘는 밖에서 각석 위를 달리며 시끄럽게 울리는 말발굽 소리에 놀라 잠에서 깨었다. 누군가가 소란스럽게 문을 두드리며 외쳤다. "왕명이다, 문을 열어라!" 아래쪽에서 싸우는 소리를 들으며 꼴리뉘는 동료들에게 자기를 침대에서 들어 올리라고 요구하였다.

　그는 몸을 세우자 동료들에게 다음과 같이 말하였다. "나는 오래 전부터 죽을 준비를 끝냈습니다. 하지만 여러분은 너무 늦지 않았다면 모두 도피하여 목숨을 구해야 합니다. 나를 구하려고 하실 필요가 없습니다. 나를 하나님의 자비에 맡기겠습니다." 순식간에 암살자들이 들이닥쳤다. "당신이 제독인가?" 칼끝을 꼴리뉘의 가슴에 겨누며 한 사람이 물었다. "그렇다." 꼴리뉘는 조용히 대답하며 말을 이었다. "그런데, 젊은이, 백발이 된 사람에게 경의를 표해야 하오. 그리고 부상당한 사람을 공격할 필요는 없소." 그 암살자는 욕설을 퍼부으며 검으로 제독의 가슴을 찔렀고, 다른 사람들은 꼴리뉘가 바닥에 쓰러질 때까지 무참하게 공격에 가담하였다.

• 〈성 바돌로매 축일의 대학살〉

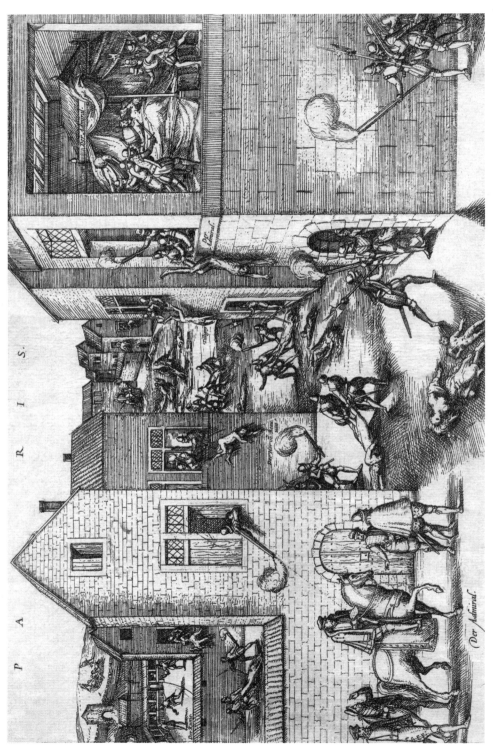

• 바돌로메 축일의 대학살과 꼴리뉘 살해

그들은 그의 시신을 질질 끌고 창 쪽으로 가서 기즈가 기다리고 있는 마당에다 내던져버렸다. 누군가가 숨을 거둔 꼴리뉘의 얼굴에서 피를 닦아냈다. "그 놈이 맞아. 내가 그 놈 얼굴을 잘 알지." 기즈가 시신을 걷어차며 말하였다. "첫 출발이 좋군!"

어둠이 짙게 깔린 도시에 어느 성당에선가 종소리가 울려 퍼지자, 여기저기 성당들이 거의 한꺼번에 응답하듯이 종을 쳐댔다.

어두침침한 성문과 광장에서 무장한 군인들이 길거리로 우르르 쏟아져 나와, 위그노들이 사는 집과 숙소를 치고 들어가 무방비 상태로 잠을 자고 있는 사람들을 일으켜 도망가려고 하면 칼로 찌르고 총을 쐈다. 그들은 아이, 어른을 막론하고 살해하여 창밖으로 집어던지고 바닥에 쓰러진 몸을 칼로 찔렀다. 아직 숨이 붙어있는 사람은 길거리로 질질 끌고 가서 강물에 처박아버렸다. 살육자들은 팔에 흰 띠를 두르고 모자에는 백색 십자가를 달았다. 가톨릭 신자들은 창문에 촛불을 켜두어 무서운 작업이 보다 손쉽게 진행되는 것을 도왔다. 점차 밝아오는 새벽이 촛불을 희미하게 만들고 길바닥에 흥건한 피바다를 비추자, 귀족들과 고급 관리들 그리고 성직자들이 한 손에는 십자가를, 다른 손에는 검을 들고는 살육을 서두르는 것이 눈에 보였다.

열두 살 난 위그노 소년이 "온갖 종소리와 울부짖는 소리에" 잠에서 깨어나 어찌할 바를 모르다가 자기가 공부하는 대학 건물에 혼자서 몸을 숨겼다. 후에 그 소년은 도시 전체를 헤집고 다녔던 악몽 같은 사건을 이렇게 묘사하였다. "나는 분노에 사로잡힌 살육자들이 사방에서 튀쳐나와 집 안으로 밀고 들어가 '죽여라, 죽여, 위그노 놈들을 싹쓸이해라' 외치는 것을 보면서 말로 할 수 없는 공포에 휩싸였습니다. 바로 눈앞에서 쏟아지는 피를 보았을 때 두려움이 두 배나 커졌습니다."

그 소년은 세 번이나 살육자들의 손에 떨어졌지만, 그 때마다 가톨릭의 기도문 책자 때문에 목숨을 건졌다. 그것은 숙소를 떠나면서 혹시나 하는 생각 끝에 몸에 지녔던 것인데, 마치 통행증과 같은 역할을 해주었다. 마침내 그는 대학에 도착해서 학장에게 인도되었다. 그러나 "비인간적인 신부 두 사람이 품 안에 있는 아기라도 남김없이 죽이라는 명령이 떨어졌다며, 학장한테서 나를 끌어내어 사지를 절단하려고 했습니다." 다행히도 신부들은 뜻을 이루지 못하였고 그 소년은 살아남았다. 그 소년은 세월이 지난 후에 프랑스의 재상이 된 쉴리 대공이었다. 그는 일생동안 충실한 위그노로 남았다.

왕궁에도 역시 무시무시한 장면이 벌어졌다. 동이 틀 무렵 잠에서 깬 나바르의 앙리와 그의 사촌인 젊은 왕자 꽁데는 국왕을 즉시 알현하라는 전갈을 받았다. 어머니와 동생이 뒤에 서 있는 자리에서 샤를 왕은 버럭 소리를 지르며 그들을 몰아세웠다. "미사를 드리겠소, 아니면 이 자리에서 죽겠소!" 가톨릭으로 전향할 것이냐 아니면 죽음의 길을 가겠느냐는 요구 앞에서, 꽁데는 신앙을 바꿀 마음이 없다고 한 숨도 지체하지 않고 선언하였다. 조금 더 신중한 앙리는 생각을 시간을 달라고 요구하였다. 두 사람은 가톨릭으로 전향하라는 강요를 받으면서, 4년 동안을 거의 죄수나 다를 바 없이 왕궁에 감금되었다.

왕자들은 최소한 목숨을 부지할 수 있었다. 하지만 시종들과 병사들은 검거되어 명단에 따라 이름을 일일이 대조 받았다. 각 사람은 자기 이름을 말하고는, 강제로 광장에 끌려 나가 무장한 소름끼치는 의장병을 통과하면, 창이나 칼 또는 미늘창으로 목숨을 잃었다. 한 주간 전에 의장병에게 혼례식의 수행 받았던 마르그리프 공주는 시끄럽게 문 두드리는 소리에 잠에서 깨었다. 시녀는 나바르의 앙리가 왔으리라 생각해서 문을 열었다. 그때 시중드는 남자 한 명이 칼에 찔린 채 군인 네 명에게 쫓기며 공주의 침실로 뛰어들어 침대로 몸을 던지고는 목숨을 구하기 위해 공주를 껴안았다. 공주가 펄쩍 뛰어 침대 맞은편으로 넘어가자 그 사람도 공주에게 달라붙어 따라갔다. "우리 두 사람이 모두 똑같이 놀라 소리를 질러댔습니다"라고 공주는 후에 회고하였다. 막 침실에 들어선 친위대 대장도 역시 소리를 지르다가 웃더니 군인들을 물러가게 하였다. 이렇게 해서 이 사람은 동료들과 달리 다행히도 목숨을 건졌다.

　파리에서 학살은 다음 주간 내내 계속되었다. 안타깝게도 많지는 않지만, 기적 같은 탈출기가 몇 개 있다. 살아남은 사람들은 대부분 머리 회전이 빨라서 목숨을 건졌다. 열세 살 배기였던 쟈끄 꼬몽 드라 포르스는 집 밖으로 끌려 나갔고, 아버지와 형은 모두 칼에 찔려 죽었다. 기적적으로 칼을 피한 쟈끄는 침착하게 외마디를 지르며 아버지와 형을 따라 쓰러졌다. 얼마 후에 여러 사람이 와서 시신에서 옷을 벗겨 훔쳐갔다. 쟈끄는 꼼짝도 않고 누워있었다. 그는 긴 양말을 한 짝 밖에 신지 못하고 누워있었는데, 어떤 가난한 남자가 와서 그것을 벗기려고 하였다. "아이쿠" 그는 말했다. "세상에나, 이건 어린애가 아니야? 얘가 뭘 했다고?" 측은해 하는 말소리를 듣자 쟈끄는 머리를 들고 그 사람에게 말했다. 그 사람은 쟈끄에게 밤이 깊어질 때까지 누워있으라고 일러주었다. 한밤중이 되자 그 남자가 와서 누더기 옷을 입히고 자기 조카인 척 하면서 쟈끄를 데리고 갔다. 그 소년은 이렇게 탈출을 하였다. 소년은 자라서 후일 군인이 되었고 결국은 프랑스의 육군 원수가 되었다.

　머리털을 쭈뼛 서게 하는 최고의 탈출기는 꼴리뉘의 측근이었던 위그노 귀족 필립 뒤 쁠레씨 모르네의 경우이다. 그는 경종소리도 못 듣고 잠을 자다가 공포에 질린 집주인이 깨우는 바람에 옷을 입고 칼을 찬 다음, 서류들을 태우고 나서, 침실 창문을 통해 지붕 아래로 뛰어내렸다. 그는 굴뚝 뒤에 은신처를 발견하고는 위험이 지나가기까지 몸을 숨겼다. 다음 날 살인자들이 다시 거리에 등장해서 옆집 위그노 책장수를 죽이고 그 시신 뿐 아니라 책과 가재도구를 죄다 길거리에 내던졌다. 필립은 달아나기로 결심하고, 검정 색 평복으로 갈아입은 다음, 담대하게 숙소에서 걸어 나왔다. 그는 의심을 피하기 위해 살인자들의 대열에 끼어들었다. 그는 사람들이 죽인 숫자를 자랑스레 말하는 것을 들으면서 슬픔과 분노에 사로잡혔다. 이렇게 해서 그는 자신의 가정 변호사의 집으로 가서 조용히 사무실에 앉아 사무원들과 함께 일하는 척 하였다. 그 사이 무장한 사람들이 실내를 수색하고 있었다. 그래서 그는 작은 방에 몸을 숨겼다. 변호사는 심문을 당했고 의심의 눈초리를 받았다.

　다음 날 필립은 탈출하기로 마음먹었다. 사무원들 가운데 한 사람이 그를 가장 가까운 성문으로 빼돌리겠다고 용감하게 자청하였다. 그 경비대에는 그의 친구들이 있었기 때문이다. 사무원이 슬리퍼를 갈아 신는 것을 잊어버렸을 정도로 급히 두 사람은 길을 나섰다. 그들은 그 성문이 경비가 심해 빠져나갈 수가 없었다. 하지만 경비대를 설득하여 옆문으로 나가 가볍게 노르망디로 가는 길에 들어섰다. 그들이 고작 스무 걸음쯤 갔을 때, 성문의 경비병들이 사무원이 슬리퍼를 신고 있는 것을 눈치 채었다. 그러나 두 사람은 계속 길 가는 것을 허락받았다. 하지만 얼마 못가서 그들은 어느 마을에서 또 다시

제동에 걸렸다. 한 무리의 노동자들이 그들을 보고 위그노라고
주장하면서 강으로 끌고 가 물속에 익사시키려고 하였다. 여기에서
다시 두 사람은 그들을 설득하여 위험에서 벗어나려고 애썼다. 그
방해꾼들은 사무원의 고용인, 즉 필립의 변호사에게서 확인증을
받아보기로 뜻을 모았다. 이 확인증은 필립이 그의 가족이 살고
있다는 루앙으로 가는 사무원임을 증명해줄 것이었다. 그런데 그때
마침 루앙에서 마차 한 대가 도착하였는데, 그 안에 타고 있던 사람
가운데 필립을 알아보는 사람이 아무도 없었다. 그래서 두 사람은
다시 강으로 끌려갔다. "네 녀석이 정말 사무원이라면, 라틴어를 읽을
수 있느냐"라고 한 사람이 소리를 치며, 책 한 권을 가지고 왔다.
필립은 교육을 잘 받은 사람이었기 때문에 그 자리에서 즉시 책을
읽기 시작하였다.

• **필립 뒤 쁠레씨 모르네**

"아이구, 네 녀석은 노르망디를 죄다 감염시킬 위그노 박사구만!" 그들은 필립을 조롱하였다. "물로 데려가!" 바로 그때 다행히도 전령이 돌아왔다. 그의 손에는 필립이 자기 사무원이 맞고 반역자도 아니며 정부에 반대하는 사람도 아니라는 변호사의 쪽지가 들려 있었다. (여러분은 변호사가 필립을 가리켜 위그노가 아니라고는 말하지 않았음을 눈여겨 보아야 한다.) 이 글은 두 사람을 풀어주기에 충분하였다. 자기를 위해 목숨을 담보로 걸었던 가톨릭 친구에게 작별을 고한 후에 필립은 노르망디로 도피하여 얼마 지나지 않아 훨씬 더 안전한 곳인 영국으로 가는 배를 탔다.

프랑스에서는 대학살이 지방으로까지 번져서 파리에서 벌어진 것과 비슷한 장면들이 재현되었다. 이때 정확하게 얼마나 많은 위그노들이 살해당했는지 아무도 모른다. 누군가는 추산하기를 2만 명 쯤 된다고 한다. 얼마로 계산하든지 간에 그 숫자는 섬뜩한 것이다. 왜냐하면 희생자들이 전사한 것이 아니라 냉혹하게 살해당한 것(많은 경우 무자비한 고문 끝에)이기 때문이다. 곧 다시 내전이 터졌다. 비록 안타깝게도 통솔자 꼴리뉘가 사라지고 말았지만, 위그노들은 용맹스럽게 모든 도시와 마음을 점령하여 공포와 박해로 신앙을 말살하려는 가톨릭에 저항하였다.

라로셸은 다섯 달 동안이나 지속된 포위 공격을 버티어 냈으며, 중부에 위치한 베리 주의 작은 마을 쌍쎄르는 1573년 1월부터 8월까지 저항을 하였다. 사람들은 가죽과 나무뿌리와 심지어 종이를 먹어야만 했다. 종이를 삶아 식탁 위에 올려놨을 때 거기에 적힌 글을 여전히 읽을 수 있는 상태였다! 그러나 위그노들은 시간이 흐를수록 더 강해졌고, 마침내 1576년 나바르의 앙리가 왕궁을 탈출해서 다시 위그노가 되어 그들의 지도자로 우뚝 섰다.

1574년에 형을 이어받은 새 국왕 앙리 3세는 처음에는 가톨릭을 지지했지만, 기즈 공작이 대중에게 인기를 얻어 "파리의 왕"이라고 불리는 것을 곧 시기하게 되었다. 기즈가 너무 막강해져서 왕은 파리를 떠나 도피해야 할 정도였다. 그러나 왕은 결국 앙심을 풀었다. 하루는 왕이 공작을 왕궁으로 불렀다. 공작은 왕실에 들어가기 위해 별 의심 없이 어두운 복도를 걸었다. 그러자 20명의 암살자들이 어둠 속에 숨어 있다가 공작을 덮쳐 순식간에 살해하였다. "이제 국왕은 나뿐이다" 앙리 3세는 호언장담하였다. 그의 어머니 까트린느는 임종을 기다리는 침상에 누워있었다. 기즈가 살해당한지 두 주 만에 그녀는 "파리의 왕"을 암살한 총애하는 아들에게 어떤 일이 벌어질지 두려움에 떨면서 숨을 거두었다. 그녀가 염려했던 대로, 파리는 다시 왕에게 반란을 일으켰으며, 몇 달이 지나지 않아 왕도 암살자의 손에 죽임을 당하였다. 그 해는 1589년이었다. 꼴리뉘가 살해당하고 그 뒤를 이어 대학살이 벌어진지 17년이 지났을 때쯤, 그 일에 연루되었던 모든 사람이 역사에서 사라졌다.

• 기즈 공작 암살

5. 평화의 예술

　까트린느 드 메디씨의 세 아들 가운데 프랑스를 통치한 마지막 아들 앙리 3세는 사망하던 해에 국가의 역적들을 감금하는 데 사용되던 음침한 요새 바스티유를 방문하였다. 죄수들 가운데는 두 명의 젊은 자매와 허약한 노인이 있었다. 그들의 죄목은 단지 위그노 신앙을 포기하기를 끝끝내 거절했다는 것이었다. 왕은 노인에게 가톨릭 신앙으로 돌아오라고 강요하였다. 그러자 노인이 대답하였다. "이 처자들과 나는 천국에 들어갔소. 그대의 모든 백성이건 그대 자신이건 이 도공의 무릎을 꺾어 진흙으로 만든 우상들에게 절하게 할 법은 없을 것이요!" 결국 여자들은 기둥에 묶여 화형을 당했다. 그들의 용기는 힘겨운 종교 전쟁을 치르느라 여전히 분투하고 있는 위그노 병사들에게 힘을 북돋우어 주었다. 이듬해 바스티유 감옥에서 숨을 거둔 노인은 베르나르 빨리씨라는 도공이었는데, 예술성과 기술 그리고 성품의 강인함으로 지금까지도 명성이 계속되고 있다.

• 바스티유 감옥

베르나르 빨리씨는 필리베르 아믈랭이 위그노 교회를 세웠던 작은 마을인 쌍트에서 살았다. 아믈랭 사후에 빨리씨는 그 마을의 신앙에 활력을 불어넣은 여섯 사람 가운데 한 명이 되었다. 그는 거의 교육을 받지 못한 사람이었다. 그는 이렇게 말한 적이 있다. "나는 누구에게나 허락된 하늘과 땅이라는 책 외에는 어떤 책도 지녀본 적이 없습니다."

그는 그럭저럭 읽기와 쓰기를 배웠고, 착색 유리창을 만드는 사람이 되었다. 그리고 때때로 초상화를 그려주어 가외의 용돈을 조금 벌었다. 그러다가 어느 날 그는 "너무나 아름답게 유약을 칠한 솜씨 좋게 만들어진 도자기 찻잔"을 보고는, 아직 프랑스에는 알려지지 않은 그 멋진 표면의 비밀을 캐보기로 마음먹었다. "점토에 대해 아무런 지식도 없다는 사실을 개의치 않고, 마치 어둠 속에서 더듬거리듯이 에나멜에 관해 공부하기 시작했습니다."라고 그는 썼다. 그 일은 예상했던 것보다 훨씬 어려운 과제임이 드러났다. 마침내 그는 흰색 에나멜을 어떻게 만들어내는지 발견하였다. 하지만 그것을 녹일 만큼 뜨거운 가마를 구할 도리가 없었다. 그는 엿새 동안 밤낮으로 가마를 가동시켰지만 아무런 일도 일어나지 않았다. 그는 이런 글을 남겼다.

"나는 점점 좌절감에 빠졌다. 힘을 소진하기는 했지만, 깨달은 게 있었다. 나의 에나멜에는 다른 소재들을 녹이는 데 도움을 주는 혼합제가 충분히 들어있지 않다는 것이었다. 이 사실을 알고는, 나는 곧바로 혼합제를 조각내서 갈기 시작하였다. 동시에 가마가 아직 식지 않은 것을 확인하고는 에나멜을 혼합해 놓고, 과연 잘 될지 시험해보기 위해서 질그릇을 조금 더 사러 가야 했다. 내가 만든 질그릇은 모조리 망가졌기 때문이다. 나는 새 질그릇에 에나멜을 입힌 다음, 가마 속에 넣었다. 불길이 계속 타 오르고 있었다. 그때 더 큰 문제가 벌어졌다. 그만 장작이 다 떨어지고 만 것이다. 나는 하는 수 없이 정원의 격자 울타리를 지탱하고 있는 말뚝들을 땔감으로 던져 넣었다. 말뚝이 떨어지자 두 번째 혼합제가 녹을 때까지 식탁들을 태웠고, 마루를 뜯어 태웠다. 이런 상태에서 나는 할 말이 없었다. 온갖 수고와 가마의 열기에 힘이 완전히 바닥이 나서 말라버렸기 때문이다. 그저 한 가지 위로가 있다면 사람들에게 놀림거리가 되었다는 것이다. 내 곁에서 돕던 바로 그 일꾼들이 동네방네 다니면서 내가 마루를 땔감으로 썼다고 소리치는 바람에, 나는 모든 명예를 잃어버리고 미친 사람처럼 취급을 받았다."

빨리씨는 8년 동안을 가난과 실패를 겪었고, 이어서 또 다시 8년 동안 고통스런 경험을 한 끝에 자신의 예술을 완성하였다. 그의 부인은 물론 걱정이 태산 같았고, 자기 남편에게 조금치도 동정의 눈초리를 돌리지 않았다. 그는 가장 어려웠던 시기를 이렇게 묘사하였다.

• 베르나르 빨리씨와 그의 공방

"여러 해 동안 나는 매일 밤 가마를 덮을 것조차 없이 비와 바람에 몸을 맡겼다. 한 쪽에서는 부엉이가 울고 다른 쪽에서는 개가 짖는 것 외에는 아무런 도움도 위로도 없었다. 때때로 바람이 사나워지거나 큰 폭풍이 몰아치면 나의 가마 위아래를 강타하여 어쩔 수 없이 모든 것을 내동댕이쳐야 했고, 결국은 애써 수고한 결과물을 잃어버렸다. 때로는 온 몸이 젖어 마른 실오라기 하나도 걸치지 못한 채, 그 모든 것을 버려두고는 한밤중이나 또는 새벽 동이 틀 때쯤 실신한 듯이 침대에 쓰러졌다. 그럴 때면 내 모습은 마을을 뒤덮은 진창 속에서 뒹굴다가 촛불도 하나 없이 비틀거리며 나온 사람처럼 같았고, 가장 비관적인 생각이 머릿속에 가득 찬 사람처럼 보였다. 그런데 침대 속에 누우면, 첫 번째 것보다 더 악질적인 괴롭힘이 나를 기다리고 있다는 것을 알았다. 그것은 지독하게 극심한 것이었는데 어떻게 내가 완전히 패배하지 않았는지 지금도 신기한 생각이 든다."(이것은 그의 부인이 무진장 앙알거린 것을 가리키는 말이다.)

드디어 어떤 상류 귀족이 새로 지은 성을 에나멜 칠을 한 타일로 장식하도록 그를 채용하였다. 그런데 빨리씨가 일을 시작한지 얼마 안 되어 위그노를 반대하는 폭동이 일어나 작업실이 파손되고 말았다.

성을 완성하기를 몹시 기다리던 그 귀족은 왕실의 힘을 빌려 빨리씨의 안전을 지켜주었고, 이 때문에 빨리씨는 국왕에게 "전원풍의 도기 발명가"로 임명되었다. 다음 그림의 아름다운 접시에서 보듯이 빨리씨는 주로 자연으로부터 디자인을 얻어왔다.

이 접시는 강에서 헤엄치고 있는 뱀장어와 마른 땅을 기고 있는 도마뱀, 그리고 접시의 테두리는 나뭇잎들과 강가에 자라는 식물들을 보여준다. 이것들은 죄다 진흙으로 모양을 낸 다음, 빨리씨가 그토록

험한 작업 끝에 개발한 맑은 색으로 에나멜 칠을 한 것이다. 그는 훌륭한 자연 애호가였기 때문에, 세심한 관찰로부터 배운 아주 사실적인 소재를 사용하였다.

귀족의 성을 마무리 짓고 나서 빨리씨는 모후인 까트린느의 신축 궁전 뛸르리Tuilerie를 장식품으로 꾸미러 파리로 갔다. 그는 여기에 에나멜을 칠한 조각상, 화병, 찻잔, 접시 그리고 타일을 제작하여 당시 유행하던 대로 정원의 인공 동굴에 채워 넣었다. 파리의 국립 도서관에 소장된 한 문서에 의하면, 1570년에 "도공 베르나르, 니꼴라와 마뛰랭 빨리씨에게 제작과 에나멜 칠 같은 도자 공예를 위해 합계 2천 600백 리브르가 지불되었고, 작품들은 모후의 궁전에 새로 만든 동굴을 장식하기 위해 보관되었다"고 적혀있다. 니꼴라와 마뛰랭은 둘 다 빨리씨의 아들인데, 당시 아버지를 돕고 있었다. 빨리씨는 바돌로매 축일의 대학살이 벌어지고 있는 동안 까트린느를 위해 계속해서 작업하고 있었다.

그가 목숨을 부지했던 까닭은, 아마도 어느 누구도 그가 시작한 일을 완성할 수 없을 것임을 모후가 알았기 때문이었을 것이다.

파리에서 빨리씨에게 많은 인문학자와 과학자 친구가 생겼다. 그들은 빨리씨가 자연 애호가로서 자기의 작업에 관해 제공하는 강의를 들으러 왔고, 물이나 샘이라든가 금속, 소금, 돌, 흙, 불 그리고 에나멜 같은 그의 관심 주제들에 관해 들었다. 그러나 훗날 그가 박해를 받게 되었을 때 아무도 그를 구해줄 수가 없었다. 그래서 결국 당시 최고 예술가 가운데 한 사람(스스로 말하듯이 흙의 예술가)은 바스티유 감옥에서 목숨을 잃고 말았던 것이다.

• 빨리씨의 도자 접시

베르나르 빨리씨는 1589년에 사망하였다. 앞에서 본 것처럼, 바로 그 해에 모후인 까트린느와 그녀의 아들 앙리 3세가 죽었다. 앙리 3세는 후손을 남기지 못하였다. 프랑스의 왕위 승계 법규를 따라, 왕위는 이제 서거한 국왕의 사촌이자 법적 상속권을 가진 나바르의 앙리에게 이양될 판국이었다. 게다가 그는 비록 오래 전에 파국을 맞이하고 말았지만 어쨌든 까트린느의 딸인 마르그리뜨 공주와 혼인한 사람이었다. 그러나 프랑스가 과연 위그노 국왕을 모실 수 있겠는가? 나바르의 앙리, 그의 추종자들이 호칭하는 대로 하자면, 앙리 4세는 그렇지 않을 것임을 곧바로 알아차렸고, 전쟁을 치르는 수밖에는 없다는 것을 깨달았다. "나는 국왕이지만 나라가 없고, 남편이지만 아내가 없으며, 전사이지만 재정이 없다." 그는 이렇게 탄식을 토하였다.

앙리의 참담한 심기는 오래가지 않았다. 얼마 지나지 않아 아르그 전투(1589년)와 이브리 전투(1590년)에서 스페인과 동맹군을 형성한 가톨릭 적군을 대파하였기 때문이다. 앙리의 가장 헌신적인 추종자들 가운데 한 사람은 훗날 공작의 작위를 받은 유명한 쉴리 대공이었다. 그는 이브리 전투에서 입은 부상을 치료받고 난 다음, 파리 외곽에서 앙리 왕과 합세하였다. 앙리는 파리를 포위했지만, 자기 백성들이 굶어죽는 고통을 차마 눈뜨고 볼 수가 없었다. 또한 적군도 집요하게 버티고 있었기 때문에, 앙리는 일단 물러났다. 하지만 3년이 지나도록 강성 가톨릭 색채를 띤 파리는 그를 국왕으로 받아들이는 것을 계속 거부하였다. 쉴리는 독실한 위그노였음에도 불구하고 오직 한 가지 방법 밖에는 없다는 생각에 이르렀다. 쉴리는 이렇게 글을 남겼다.

"나는 가톨릭 신앙을 포용하라고 왕을 설득하였다." 왕을 설득하는
데 사흘이 걸렸다. 마침내 앙리는 파리를 얻어내야 한다는 생각을
받아들였다. 그는 이렇게 말했다고 전해진다. "파리는 미사와 바꿀
가치가 있다."(파리를 장악할 수만 있다면, 미사를 드려서라도 -
가톨릭 신앙을 받아들이고라도 - 파리를 얻어내야 한다는 뜻). 많은
위그노들이 배신감을 느꼈고, 심지어 어떤 사람들은 왕을 추종하는
것을 그만 두었다.

• 앙리 4세의 파리 입성

그러나 쉴리는 앙리의 전향이 얼마나 어쩔 수 없는 일인지 남은 사람들에게 어떻게든 보여주려고 애썼다. 1593년, 앙리는 검은색 망토에 흰색으로 빛나는 옷을 입고 파리 근교에 있는 쌩 드니 성당으로 향했다. 가톨릭 대주교가 앙리를 영접하면서 다음과 같이 질문하였다. "그대는 누구라 하시오?" 앙리는 대답하였다. "나는 국왕이오." "그대가 요구하는 것은 무엇이오?"라는 물음에 앙리는 이렇게 답변하였다. "나는 로마 가톨릭 교회에 받아들여지기를 구하고 있소." 대주교가 물었다. "그대는 진심으로 그것을 원하시오?" 왕은 대답하였다. "그렇소. 나는 그것을 희망하며 소원하고 있소. 나는 전능하신 하나님의 존전에서 가톨릭의 신앙을 가지고 살다가 죽기를 단언하며 맹세하오."

1598년이 되어서야 비로소 논란의 여지가 없이 앙리는 그의 왕국 프랑스의 군주가 되었고, 마침내 그의 모든 정적들과 타협을 이루었다. 이제 앙리에게 옛 동료들에게 보답을 해야 할 시기가 왔다. 비록 일부 가톨릭 사람들이 반대를 하기는 했지만, 앙리는 위그노들에게 자유를 허락하는 칙령을 내렸다. 그것은 이른바 낭뜨 칙령이었는데, 파리와 몇 강성 가톨릭 도시를 제외하고는 전에 위그노들이 예배를 드렸던 곳이면 어디에서든지 신교의 방식으로 예배드릴 권리를 허용하는 것이었다. 위그노들은 심지어 가톨릭 지역에서도 자기들만의 법정을 세울 수도 있었다. 그들은 자녀들이 가톨릭 학교에 다닐 권한을 가지고 있었지만, 자기들의 지역에는 학교를 건립하는 것도 보장받았다. 모든 직업이 위그노들에게 허용되었고, 더 나아가서 위그노들은 의회에서 몇 개의 의원석을 확보 받았다.

  3년마다 노회라 부르는 회의에서 종교와 관련된 일들을 논의하러 모이는 위그노 목회자들에게는 매년 사례를 지불하였다. 마지막으로, 위그노들은 자기들의 도시를 가지는 것도 허락받았다. 당시에 150개의 위그노 도시가 생겼는데, 많은 도시가 요새를 갖추었고, 국왕에게서 봉급을 받는 신교 군병들이 신교 행정관의 지휘 아래 도시를 방비하였다. 아래의 지도를 보면, 위그노 도시들이 주로 프랑스 남부와 서부에 밀집되어 있는 것을 알 수 있다. 그 중에 가장 중요한 도시들만 이름을 기입하였다.

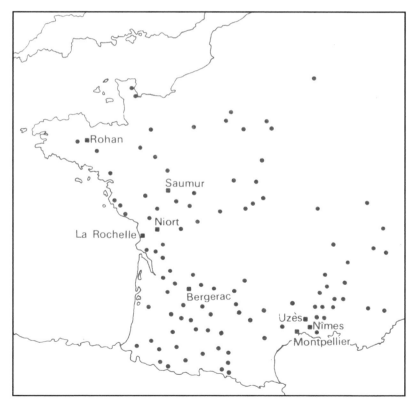

• 1600년의 신교 도시들

오랜 전쟁 끝에 폐허가 된 나라를 복구하는 일에 위그노들은 중요한 역할을 담당하였다. 그들은 근면하게 일하는 사람들인 데다가 그들 가운데는 솜씨가 뛰어난 기술자들과 농부들이 적지 않았기 때문이다. 또한 모직이나 아마포 같은 소재들을 다루는 직조공들도 많이 있었다. 위그노들은 까다로운 디자인을 가진 양탄자나 융단 벽걸이도 제조하였다. 앙리 4세는 특히 비단 산업을 열정적으로 장려하였다. 그는 누에를 수입하게 하였고, 뽕나무가 잘 자라는 프랑스 남부에 재배 지침서를 배포하였다.

앙리 4세가 통치하던 때에 새겨진 다음 두 그림 가운데 하나는 양잠업 공장을 보여준다. 왼쪽의 여성은 누에에게 뽕잎을 먹이고 있다. 오른쪽에는 싸리나무가 가지런히 세워져있다. 누에는 6주 동안 누에고치를 짤 채비를 갖춘 후에 싸리나무에 기어 올라가 달라붙는다. 그림 가운데 한 여성의 손가락에 누에나방이 앉아있는 것이 보인다. 누에가 고치를 짜는 데 60시간이 걸린다. 명주실의 길이는 1500미터나 된다. 누에고치 안에 있는 번데기를 열에 익혀 죽이면 실이 풀어진다. 두 번째 그림은 이 과정이 어떻게 진행되는지 보여준다. 오른쪽 앞에 화로를 지펴 그릇의 물을 뜨겁게 만들고 있는 것이 보인다. 고치가 흠뻑 물에 젖으면, 고리들을 통해 손으로 돌리는 실패에 견사를 감는다. 그림에서 보다시피, 이 모든 작업은 여성의 몫이었다. 남성들은 직물을 만들고, 건조시켜, 명주옷을 완성하였다. 명주옷은 해외에서 큰 수요를 불러일으켜 프랑스를 부강하게 만드는 데 일조하였다.

위그노들이 산업과 기술로 나라를 번영으로 이끄는 데 공헌하고 있는 동안, 쉴리도 놀고만 있지 않았다. 그의 계획이 모두 성공하지는 않았지만, 저 출중한 위그노 재상은 부패한 관리들과 전쟁을 치러 국세를 착실하게 징수하였다.

• 양잠 공장(상)과 누에고치를 푸는 모습(하)

• 쉴리 대공

그는 세금을 차츰차츰 조금씩 감소시켰는데, 특히 농업인들에게
그렇게 해주었다. 전쟁을 치르는 동안 방치된 토지를 경작하는 것을
북돋기 위해서 그는 연체금도 면제해주었다. 쉴리가 감세를 시도했던
국세 가운데는 "따이으"taille라 불리는 인두세와 "갸벨르"gabelle이라는
염세도 들어있었다. 소작농들은 겨울을 나기 위해 육류를 소금에
절여 보관해야만 했기 때문에, 염세를 내는 것을 달가워하지 않았다.
그래서 때때로 징수원들은 쇠스랑이나 권총을 든 사람들에게 공격을
당했다.

소작농들은 교회에도 십일조를 내야만 했다. 이것은 곡물 열 단에
한 단을 내야 한다는 것을 의미하였다. 그들은 흔히 다른 소산물에도

십일조를 내야 했다. 위그노들은 가톨릭 교회를 반대하고 있었음에도 불구하고 역시 십일조를 지불해야 했다. 국세와 교회의 십일조를 내고 나서도, 소작농들에게는 영주에게 바쳐야 할 여러 가지 부과금이 남아있었다. 예를 들면, 제분기, 포도주 틀, 심지어는 제빵 오븐 사용료 같은 것들이다.

　영주들은 대부분 소작농들을 우습게 알았고 아무것도 도와주지 않았다. 그러나 앙리 4세는 소작농의 삶이 얼마나 고된지 파악하고는, 귀족들이 말을 타고 소작농들의 밭을 가로질러 달리는 것을 금지하는 법을 제정하였다. 왕이 노력을 기울인 덕분에 그의 통치 말기에는 가난한 사람들의 생활 조건이 어느 정도 개선되었다. 이따금 앙리는 사냥을 나갈 때면 시종들을 물리치고 소작농의 오두막 문을 두드렸다. 물 한 모금을 마시도록 안으로 초대 받으면, 평복을 입은 그는 농작물과 목축이 잘 되고 있는지 묻다가, 대화가 조금 진행되는 것을 봐서 왕에 대해 어떻게 생각하는지 주인에게 물었다. 앙리는 자신을 알아보는 것 같지 않는 사람들에게서 대체로 칭찬하는 말을 들었다.

　소작농들은 왕이 정말로 자기의 백성에게 마음을 쓰고 있으며 행복하기를 바란다는 것을 알고 있었던 것이다. 나라 전역에 그는 "좋은 앙리"le bon Henri로 소문이 났다.

　종교 전쟁 동안 앙리의 편에서 싸웠던 많은 위그노들이 이제는 작은 농지를 경작하는 사람들이 되었다. 그들이 두려워해야 할 것은 더 이상 박해나 전쟁이 아니라 가뭄이나 홍수 또는 농사의 실패였다. 상징적으로 말하자면, 그들에게 검이 솥으로 변한 것이다! 아그리빠 도비녜는 이렇게 퇴역한 군인들 가운데 한 사람이었다. 그는 왕이 가톨릭으로 전향하자 정이 떨어져 왕을 섬기는 것을 그만 둔 사람이었다.

하지만 그는 왕에 대한 애정을 버린 적이 없었다. 라로셸 근처의 생똥즈에서 태어난 아그리빠는 푸아뚜 주로 물러나 자기 집을 개축하고 농지를 경작하였다. 분주한 수도 파리와 왕실에서 멀리 떨어진 이곳 서부에서 그는 소원대로 단조롭고 평온하게 생활할 수 있었다. 또한 그는 당시 프랑스의 저명한 시인들 가운데 한 사람이었다. 행복한 삶을 읊은 그의 소네트는 (여기 프랑스어에서 직접 번역한 시) 앙리 4세와 쉴리 재상이 이끌던 평온하고 번영한 시대에 그 자신과 같은 많은 위그노들이 가졌던 감정을 잘 표현하고 있다.

• **아그리빠 도비녜**

삶에 가치를 더해주는 것이 뭔지 아세요?

나의 행복한 도비네씨? 바로 이런 것들이랍니다.

고생해서 얻는 것이 아니라 쉽게 발견하는 것이지요.

맛있고 건강한 음식, 따스한 불, 그리고 결실의 땅 말입니다.

소송사건도, 투쟁도 아닙니다. 그저 즐거운 영혼,

마르지도 않고 뚱뚱하지도 않은 적절한 몸매,

속임수도 없고, 어리석지도 않은 삶,

마음이 맞는 친구들, 떨어지지 않는 맛있는 음식.

두려워해야 할 이유도 의심해야 할 이유도 없는 삶, 두툼한 지갑,

곱고 쾌활한 아내, 그리고 말 잘 듣는 아이들,

코고는 소리에도 깨지 않는 잠, 참된 휴식.

밤을 짧게 느끼고, 지친 눈을 뒤로 해요.

자신에게 진실하고, 발견한 것을 그냥 가져요.

삶을 사랑하면, 죽음은 도망가요. 두려움도 없어요.

HENRICVS IIII. D. G. GALLIÆ ET NAVARRÆ REX CHRISTIA.

Obyt Anno 1610 May 14.

Henrick de IIII. Coninck van vrancryck en Navarre

H. Iacobsen, excud.

• 앙리 4세. 나바르의 앙리

6장. 포위 그리고 항복

　1610년 5월 14일, 그 날은 포근한 날씨였다. 오후 4시쯤 프랑스의 국왕 앙리 4세는 휴식도 취하지 못한 상태에서, 건강이 좋지 않은 쉴리를 방문하기로 마음을 먹었다. 마차는 양쪽 문을 활짝 연 채, 루브르궁을 출발하였다. 곧 그 뒤로 어떤 남자가 걸어서 따라오기 시작하였다. 마차 두 대가 좁은 길을 막아버렸다. 한 대에는 포도주 통들이 실려 있었고, 다른 한 대는 건초를 싣고 있었다. 수행원들이 장애물을 치우기 위해 앞으로 달려 간 사이, 뒤따라오던 남자가 곁으로 다가서서 한 발은 앞바퀴 쪽에 딛고 다른 발로는 길가의 돌을 바치면서 단검을 꺼내 왕을 겨냥하여 맹렬하게 찔렀다.

　앙리는 외마디를 질렀다. 그와 함께 마차를 타고 있던 사람들은 놀라움과 두려움에 질린 표정을 지었다. 두 번째 칼부림은 왕의 가슴을 파고들었다. 비록 수행원 한 명에 의해 세 번째 피격을 모면하기는 했지만, 왕의 목숨을 구하기에는 이미 늦었다. 암살자 프랑수아 라바이악은 체포되는 순간에도 여전히 단검을 손에 쥐고

있었다. 후에 그는 앙리를 살해한 이유를, 왕이 독일의 어떤 전쟁에서
신교를 편들어 싸울 계획을 세웠다는 말을 들었기 때문이라고
자백하였다. 고문을 당하고 끔찍한 사형선고를 받는 자리에서도
라바이악은 자신이 저지른 일을 선한 가톨릭 신자의 행위라고
정당화하였다. 그러나 가톨릭 신자건 신교 신자건 가리지 않고,
대부분의 프랑스 국민은 나라를 위해서 수많은 공헌을 이룩한 "좋은
앙리"의 피살 소식을 듣고는 비통한 마음으로 애도하였다. 위그노
시인 도비녜가 그 소식을 듣고 가슴이 터지는 것 같았다고 말한 것은
프랑스인들의 감정을 잘 대변해주었다.

• 〈라바이악이 앙리4세 암살〉 그는 고문 끝에 처형되었다.

도비녜가 앙리 4세의 죽음을 애도한 데는 또 다른 이유가 있었다. 앙리의 후계자들이 위그노들에게 그다지 호감을 보이지 않았기 때문이다. 몇 달이 지나지 않아 위대한 재상 쉴리마저 해임되어 그의 영지로 내몰리고 말았다. 10년의 세월이 뒤숭숭하게 흐른 뒤, 도비녜 자신이 항거에 가담하였고 마침내 프랑스에서 추방되었다.

신교 도시인 제네바는 그에게 경의를 표하며 맞아들였다. 거기에서 그는 주택을 구입했고, 25년 동안의 홀아비 생활을 접고 재혼을 하였다. 그 후 10년 동안 그는 자신의 소네트에서 묘사한 대로 행복한 나날을 보냈다. 그리고는 1630년에 그는 많은 동료 위그노 전사들이 그랬던 것처럼 (물론 그들 대부분과 달리 그는 침대에서 운명을 했지만) 시편 한 편을 입술로 되뇌면서 "두려움 없는 죽음"을 맞이하였다.

프랑스로 돌아가 보면, 1620년부터 1630년까지는 위그노에게 불행한 시기였다. 많은 사람이 전쟁을 치르면서 죽어나갔다. 특히 신교 측과 가톨릭 측 사이에 새롭게 빚어진 갈등에서 비롯된 오랜 포위 공격의 결과로 많은 사람이 죽었다. 위그노들은 새로 즉위한 국왕 루이 13세의 가톨릭 통치와 마주치게 되자, 저항과 투쟁에 돌입했으며 프랑스의 적국들과 연합을 추구하였다. 이런 현상 때문에 지능적이면서 단호한 성격을 지닌 재상인 리슐리외 추기경은 위그노의 정치력과 군사력을 제거하는 쪽으로 마음을 굳혔다. 그는 자신이 신교의 사상에 냉정하고 결연한 대적자임을 증명하였다. 프랑스의 여러 지역에서 전투가 벌어졌는데, 상당수의 사람을 죽음으로 몰고 간 전투는 라로셸에서 벌어졌다.

• 상인들

다음의 그림은 17세기에 한 항구에서 프랑스 상인들이 활발하게 교역하는 장면을 보여준다. 많은 선박들이 항구를 출입하며 하역을 하고 있다.

이것은 라로셸의 평상시 모습이다. 그 도시는 해상 무역을 바탕으로 부귀와 중요한 지위를 얻었다. 오늘날도 라로셸을 방문하는 사람들이 부요한 위그노 상인들 시대의 도시를 상상해보는 것은 별로 어렵지 않은 일이다. 왜냐하면 밀물이 길게 뻗은 수로의 개펄을 덮으면서, 해초의 향기와 바닷물을 곧장 구도시의 중심부까지 공급해주기 때문이다. 그 모습은 격조 높은 가옥들과 항구의 방벽이 처음 건축되었을 때와 다를 바가 없다. 거기에는 지금도 멋진 시청사가 있고, 그 안에는 모서리 한 쪽이 잘려나간 대리석 탁자가 하나 놓여있다.

• 라로셸의 상인 주택들

　당시에 그 항구에는 선박들이 쇄도했을 것이다. 서부 아프리카에서 금가루와 생고무를 실고 온 선박들과, 설탕, 커피, 바닐라, 코코아를 선적한 서부 인도의 선단이 정박하고 있었을 것이며, 그 곁에는 염장한 육류와 어류, 아마포 또는 모직 의류 짐짝들 같은 좀 더 평범한 화물을 실은 화란 또는 영국의 배들이 나란히 서 있었을 것이다. 북 아프리카에서 대추야자와 아몬드를 실고 온 지역소유의 배들은 포르투갈 사람들이 동양에서 수입한 향신료와 보석 그리고 향수를 나르는 리스본의 배들과 때를 맞추어 입항하였을 것이다. 그리고 때가 되면 프랑스의 유명한 와인이나 소금 또는 고가의 지역특산품을 선적한 배들이 사업주들에게 더 많은 부를 가져다주기 위해 서둘러 출항하였을 것이다. 무역업은 위험이 따르지 않는 것이 아니었다. 왜냐하면 오늘날의 기준으로 볼 때, 당시 배들은 풍랑을 헤쳐 나가기에 너무나 왜소하였기 때문이다. 무역이 지연되면 비싼 대가를 치르거나 비극적인 손해를 겪든가 때로는 파산에까지 이르렀을 것이다. 그러나 회계 장부를 정산해보면, 위그노 상인들은 능률적이었기 때문에 거의 언제나 흑자를 본 것으로 드러난다. 불행하게도 그들의 성공은 가톨릭 사람들에게 질투를 불러일으켰고, 그들을 더욱 증오하는 쪽으로 기울게 만들었다.

1620년에 쟝 귀똥은 라로셸의 행정관 가운데 한 사람이 되었다. 그는 선주들 가운데 지도급 인사였고 그 자신이 교역을 위해 자주 여행을 다닌 까닭에, 라로셸이 국왕과 싸우는 항거를 시작했을 때 위그노의 항쟁 선단을 이끄는 제독으로 추앙되었다. 귀똥은 국왕의 선척들과 끊임없이 교전하였고, 여러 차례 자신보다 훨씬 큰 선단을 공격하여 때로는 승리를 거두었다. 그는 늘 용감하고 결연하게 임무를 수행하였다. 1625년 그는 국왕의 대규모 함대에 항복하는 대신 라로셸에서 빠져나가는 출구를 만들기 위해 필사적으로 싸웠다. 그는 엄청난 손실을 입었으면서도 22척의 배를 이끌고 영국 해안에 도착하였다.

영국 왕 찰스 1세가 프랑스 왕의 여동생인 앙리에따 마리아와 막 결혼한 상황이긴 했지만, 신교를 지향하는 영국은 박해를 당하다가 라로셸로부터 도피한 위그노들에게 확실한 피난처를 제공하였다. 찰스 1세는 통치 초기에 처남을 도와 위그노 저항군들과 싸울 군선을 보내기로 약속하였다. 그러나 영국 해군들은 왕의 명령을 거슬러 동료 신교 신자들과 싸우기를 거부하였다. 그러자 찰스 1세와 루이 13세 사이에 불화가 생겼다. 1627년 영국은 프랑스와 전쟁에 돌입하여

• 〈추기경 리슐리외〉

위그노의 항쟁을 열렬히 도왔다. 찰스 1세가 총애하는 버킹검 공작의 통솔 아래 영국 선단이 라로셸을 향해 출항하였다. 버킹검은 용맹스럽긴 했지만 전략가는 아니었다. 그의 원정은 제대로 지원을 받지 못해 무기와 군수품이 떨어지고 말았다. 그가 라로셸 외곽 인근에 있는 레Ré의 섬에 상륙시킨 병사들은 건달이나 다를 바 없이 훈련받지 못한 시골뜨기들이어서 거기에 견고하게 축성된 요새를 정복할 수가 없었다. 리슐리외는 구경꾼들에게 즐거움을 선사하겠다는 양 성직자의 의복 위에 갑옷을 입고, 붉은 색 추기경 외투 아래 칼을 차고 등장하였다. 그는 전함과 군대를 교활하게 운용하여 영국군을 대파하였다. 버킹검은 잔여 군대와 함께 영국으로 귀항하면서 한 프랑스 포로에게 말하였다. "너희 추기경은 세상에서 가장 뛰어난 인물이다!"

이제 이 뛰어난 인물은 라로셸의 저항세력을 궤멸하는 문제로 눈을 돌렸다. 영국군이 도착한 것에 고무된 저항세력은 국왕의 군대를 방어하기 위해 성문을 굳게 잠근 상태였다. 라로셸 시민들은 해로를 통해 언제든지 원조를 받을 수 있을 것이라고 자신하였다. 영국의 원조 뿐 아니라 쟝 귀똥이 인솔하는 자신들의 선단을 신뢰하였기 때문이다. 아직은 무역선들이 국왕의 전함이 공격하는 것을 피해서 좁은 수로를 통해 도심으로 진입할 수 있을 것이라는 계산이었다. 리슐리외는 라로셸을 바다와 격리시켜 항복을 받아내야겠다고 마음을 먹었다. 그래서 그는 수로를 가로지르는 엄청난 장벽을 세울 것을 결심하였다. 이 일은 끔찍한 것이었지만, 리슐리외는 부하들을 독려하여 밤낮으로 작업하게 하였다. 그들은 먼저 항구를 가로질러 200척의 폐선을 일렬로 가라앉혀 함교를 만들었고, 그 다음에는 양쪽에서 장벽을 세워나갔다. 그 열의가 얼마나 굉장했는지, 한번은 프랑스 국왕 자신이 사나운 겨울바람을 맞으며 수행원들과 함께 돌을 날랐을 정도였다. 라로셸 시민들은 수로의 너비가 점점 좁아지더니, 끝내는 가라앉힌 배들로 말미암아 바다 쪽으로 꼭지가 달린 삼각형 모습으로 막혀버리는 장면을 절망의 눈초리로 바라보았다. 여러 지점에 대포들이 설치되었다. 1628년 봄, 마침내 그 작업이 완성되었다.

이제 성안에는 매우 불길한 분위기가 감돌았다. 아홉 달 동안이나 포위된 상황에서 시의회는 불굴의 지도자를 찾다가 쟝 귀똥을 시장으로 임명하였다. 그는 말하였다. "여러분이 강요하시니 시장을 맡을 것입니다만, 단 한 가지 조건이 있습니다. 여러분은 가장 먼저 항복을 제안하는 사람의 심장을 이 단검으로 찌르는 것을 허락해 주셔야 합니다. 만약에 나 자신이 항복을 제안할 시에는, 여러분이 나의 심장을 단검으로 찔러도 좋습니다. 이 단검을 시의회의 탁자 위에 놔둡시다!" 쟝 귀똥은 몸집이 작은 사람이었지만 불굴의 정신을 소유하고 있었다. 이후 끔찍한 나날들이 연속되는 중에도 그는 조금치도 흔들림이 없었고 주위의 사람들에게 희망을 포기하는 것을 허락하지 않았다. 그는 매일같이 교회의 탑 꼭대기에 기어 올라가 영국 함대가 돌아오는지 살펴보았다. 5월이 되었을 때 그는 영국 함선들의 돛이 드러나는 것을 보았다. 이윽고 큰 군선들이 도시로 연결되는 수로에 진입하기 시작하였다. 하지만 영국 함선들은 장벽을 발견하고는 리슐리외가 설치한 대포의 위력을 감지하자 조심스럽게 사정거리 밖으로 물러났다. 귀똥이 보낸 전언에 핏발서린 시작 말은 이랬다. "여러분의 형제들을 버려두지 마십시오." 그러나 이번에는 덴비 백작이 이끄는 영국군 가운데 공격을 감행하려는 사람들은 거의 없었다.

• 라로셸 포위

영국군이 내키지 않는 기색으로 장벽을 향해 공격을 한번 시도하자, 라로셸 시민들이 희색을 띄면서 떠들썩하게 환호성을 질렀다. 그러나 영국군은 다시 물러나더니만 본국으로 회항하고 말았다. 절망이 온 도시에 내려앉았다. 번화하던 항만은 이제 마치 유령 도시처럼 보였다. 사람들은 어쩔 수 없이 말과 개 그리고 고양이를 양식으로 삼았다. 이런 먹거리가 떨어지자 그들은 최소한이라도 끼니꺼리가 들어있을 것 같은 것이면 무엇이든지 달려들었다.

여성들은 양피지 조각, 낡은 혼인 증서, 동강난 가죽 혁대를 누런 설탕과 섞어 죽을 쑤거나 걸쭉한 먹거리로 끓였고 아교를 풀어 젤리를 만들었다. 또한 깨진 유리 조각이나 칼로 소의 생가죽에서 조심스럽게 털을 깎아내서 24시간 동안 물에 불린 다음 쇠기름과 함께 오랜 시간 끓여 먹었다. 포위 공격이 끝날 무렵에는 사람들이 장화와 모자까지 먹고 있었다.

포위가 막바지에 도달했을 쯤, 매일같이 400명이나 되는 사람들이 길거리에서 죽었고, 살아남은 사람들에게는 그들을 묻을 힘조차 없었다고 한다. 경종이 울릴 때마다 방위군이 이제는 무기를 들기에 너무 무거워 질질 끌면서 느린 걸음으로 힘겹게 모습을 드러냈다. 포위 기간 동안 다섯 딸 가운데 두 명을 잃은 귀똥은 간신히 지팡이에 의지해야만 몸을 가눌 수 있었지만 항복하는 것을 여전히 거부하였다. 그는 틀림없이 영국에서 다시 원군이 오고 있다는, 자신도 더 이상 느끼지 못하는 확신을 계속 다른 사람들에게 불어넣으려고 애를 썼다.

1628년 9월, 포위 공격이 시작된 지 1년도 넘은 시점에, 귀똥은 버킹검이 라로셸 원정대의 재조직을 추진하고 있는 동안 포츠머스 숙소에서 어떤 불만을 품은 영국군의 칼에 찔려 사망했다는 소식을 접하였다.

• **〈라로셸 포위〉** 장벽 위에 선 리슐리외

  그러나 귀똥은 항복을 거부하였다. 그는 시의회의 탁자에서 단검을
집어 들고는 저항하는 몸짓을 취하면서 다시 내던졌다. 칼끝이
대리석 상판의 모서리를 조금 깨뜨렸다.

  다음 달 말에 영국군이 다시 모습을 드러냈고 장벽을 포격하였다.
하지만 장벽을 깨뜨리는 것이 실패로 돌아가자 그들은 강화를
제의하였다. 리슐리외가 승리를 거두고 라로셸이 패배한 것이다.
14개월이라는 끔찍한 세월이 흐른 뒤에 성문이 열리고 처음으로
도개교가 걸쳐졌다. 시의회에서 12명의 의원이 살아있는 유령
같은 모습으로 항복하러 모습을 드러냈다. 귀똥은 그들 가운데
없었다. 그러나 추기경이 다음 날 그 도시에 들어섰을 때, 여섯 명의
궁수와 함께 그를 만났다. 리슐리외는 귀똥에게 더 이상 시장이
아님을 선언하였고, 국왕은 그에게 "잠시 동안 기분 전환을 하라"고
충고하였다. 귀똥은 고마운 마음 없이 영국으로 건너갔다.

  이제 리슐리외는 자신이 관대한 인물임을 과시하였다. 그는
권리와 요새와 위그노 시의회를 상실한 라로셸에서 거의 아무도
처형하지 않았고, 심지어 귀똥과 동료 시의원들도 고작 6개월 동안만
추방하였다. 추기경은 한때 자긍심이 높았던 위그노 도시에서 미사를
드리면서도, 신교 신자들에게 교회와 목사와 예배를 유지하는 것을
허용하였다. 라로셸이 불살라지고 칼에 넘겨질 것을 두려워했던
사람들은 슬그머니 기어 나와서 식량을 실은 짐차들이 들어오는 것을
지켜보았다. 추기경이 살려준 수비대도 비록 볼품없이 비틀거리기는
했지만 그래도 행군을 하였는데, 74명의 프랑스 군인과 62명의 영국
군인이 생존한 전부였다. 포위 당했던 2만 8천명의 인구 가운데 겨우
5천 4백 명이 살아남았다. 그리고 이 가운데 천 명은 전쟁의 여파로
말미암아 얼마 되지 않아 죽어나갔다. 생존자들은 항구 바깥쪽에

정박한 영국군 함대에 아무도 호감을 느끼지 않았다. 영국군은 며칠 후에 강화협정을 체결하자 곧바로 영국으로 돌아가 버렸다. 그 날 밤 거센 바닷물이 마치 패배한 위그노들을 조롱이라도 하듯 리슐리외의 장벽을 뚫고 무참하게 쏟아져 들어왔다.

7장. 박해

여러분이 라로셸에서 출발하여 파리로 가는 길을 따라가다 보면, 대략 160킬로미터 쯤 가서 뿌아띠에라는 도시에 다다르게 될 것이다. 그 도시는 1533년에 깔뱅이 처음으로 자신을 신교 신자라고 밝힌 곳이라고 알려져 있다. 뿌아띠에가 수도인 뿌아뚜 주는 16세기와 17세기에 신교가 강하게 자리 잡은 지역이었다. 거기에는 여러분이 이 책의 첫 장에서 읽었던 미고의 가정 같은 수천 명의 평범한 위그노 가정들이 둥지를 틀고 있었다.

샹 미고는 고등교육을 받은 사람으로 위그노 공동체를 위해 변호사와 교장으로 일했던 인물이었다. 다음 쪽의 그림은 1676년에 사망한 위그노 화가인 아브라암 보쓰가 그린 17세기 학교의 모습이다. 아마도 미고가 가르쳤던 학교도 대략 이와 비슷했을 것이다. 그의 학교는 소도시에 있었기 때문에 교실이 이보다 훨씬 작았을 것으로 추측된다. 그림 아래 적혀있는 프랑스어는 번역하면 다음과 같은 내용이다.

아이들이 떠드는 소리에 아랑곳하지 않고, 이 노련한 선생님은 회초리를 들고 가르친다.

신기하게도 몇 아이들은 선생님이 무서워 말을 잘 듣고, 울음을 터뜨릴 것 같은 표정을 지으며 배운다.

하지만 그 밖의 아이들은 아주 다르다. 녀석들은 까불거리며 밖에 나가 장난칠 생각만 한다.

여러분은 아이들의 장난을 우습게 생각하시겠지만, 이 아이들은 정말로 순진하다는 것을 아셔야 하고, 여러분도 어렸을 때 똑같은 짓을 좋아했다는 것을 기억하셔야 한다.

미고의 가정은 자녀들 몇 명을 이 학교에 보냈다. 여기에 그 집 아이들의 명단이 고스란히 보존되어 있다.

• 17세기 교실 풍경

안느. 1664년 2월 19일 출생.

루이. 1665년 3월 20일 출생, 6월 1일 사망.

쟝느. 1667년 3월 12일 출생.

쟈크. 1668년 4월 3일 출생.

가브리엘. 1669년 6월 22일 출생.

쟝 1670년 9월 2일 출생.

필레몽. 1671년 10월 14일 출생.

마들랜느. 1673년 11월 3일 출생, 11세에 사망.

루이. 1675년 1월 4일 출생.

삐에르. 1676년 5월 5일 출생.

마리. 1678년 7월 16일 출생.

엘리자베뜨. 1680년 2월 9일 출생.

르네. 1681년 8월 5일 출생, 3개월 만에 사망.

올리비에. 1683년 2월 21일 출생.

보시다시피 아이들 가운데 몇 명은 일찍 죽었다. 불행하게도 이런 현상은 17세기에 아주 흔한 일이었다. 당시에는 의약품이 별반 알려지지 않았기 때문이다. 살아남은 미고의 자녀들은 다른 아이들보다 건강했던 것처럼 보인다. 그들은 모두 장차 들이닥칠 끔찍한 고난에 맞서기 위해서 힘이 필요했을 것이다.

리슐리외가 살아있을 동안에는 신교를 심하게 박해하지 않았다. 물론 가톨릭 설교자들을 위그노 지역에 보내 개종시키려고는 했었다. 그들 가운데는 예수회 신부들이 많이 있었는데, 16세기에 스페인 사람 이냐시오 로욜라가 세운 예수회에 소속되어 있어서 그런 명칭으로 불리었다. 예수회는 군대 같은 조직을 갖추고 있었으며,

사람들을 가톨릭 교회로 전향시키기 위해 투쟁을 하였다. 예수회 신부들은 대단한 설교자이자 교사들이었기에 그들의 영향은 여러 세기를 걸쳐 확장되었다. 그들은 증오와 공포를 자아내는 다른 방법들도 사용하였다. 목적을 달성하기 위해서라면 무엇이든 다 하려고 했기 때문이다. 설교자들이 약간의 성공은 거두었지만, 예수회 신부들조차도 쟝 미고와 같은 굳건한 위그노들의 신앙을 흔들 수는 없었다. 후에 미고와 그의 신교 동료들은 가톨릭 신자로 돌아가는 조건으로 금품을 제공받기도 하였다. 1670년에 뽈 뻴리쏭은 가톨릭으로 전향한 사람이었는데, 7프랑 이상을 제공하는 기관을 설치하여 다른 사람들에게 자기를 모범으로 삼아 개종하도록 권유하였다. 한 주간이나 두 주간의 봉급에 해당하는 이 돈은 가톨릭 교회가 제공하였다. 이 기관은 12년 동안 58,130명을 개종시켰다고 주장하였다. 부유한 신교 사람들은 즉시 대항 기관을 세워 사람들을 다시 돌아오게 하였다. 이런 상황이 벌어지자 약삭빠른 악당들은 여러 차례 "개종"하는 일을 반복하였다.

얼마 지나지 않아 미고와 그의 친구들은 몇 가지 불안한 소식을 들었다. 한두 지역에서 예배당이 파괴되고 위그노 대학과 병원이 폐쇄되었다는 것이다. 비록 낭뜨 칙령이 위그노에 대한 관용정책과 시민권을 보장하고는 있지만, 결국 가톨릭 법관들이 그 의미를 뒤틀어 위그노의 자유를 최대한 축소시키기 위해 바삐 움직이기 시작하였다. 낭뜨 칙령에 의하면 위그노들은 어디든지 전에 예배를 드린 적이 있는 곳에서는 예배할 권한이 있었다. 그러나 가톨릭 변호사들은 이것이 실제 건물에만 해당된다고 주장하였다. 그 결과 낭뜨 칙령 이후에 세워진 교회들은 파괴되고 말았다. 낭뜨 칙령은 위그노들에게 상업과 전문직에 참여할 전반적인 권리를 부여하였지만, 모든 직업을 세세히 이름을 들어가며 언급하지는 않았다. 그래서 1670년대에는 낭뜨 칙령에 실제로 명칭이 진술되지 않은 전문직들에 종사하는 사람들은 모조리 직장을 박탈당했는데, 심지어 재단사, 제화업자, 산파까지도 직업을 잃었다.

위그노 부모들을 가장 불안하게 만든 것은 어린 자녀들을 개종시키려는 가톨릭의 시도였다. 박해에 대한 두려움 때문에 아버지가 잠시 집을 떠나 있다가 돌아와 보면, 부인과 가족이 가톨릭 수도원이나 고아원으로 끌려가버린 일이 비일비재하게 발생하였다. 알렉쌍드르 드 생미셸이라는 위그노에게 이런 일이 닥쳤을 때, 그는 재빨리 가족을 구출해서 영국으로 도피를 하였다. 거기에서 미모가 빼어난 그의 딸 엘리자베뜨는 15세의 나이에 유명한 일기 작가인 새뮤얼 페피스의 부인이 되었다. 1681년 프랑스 정부는 일곱 살 아이들이 자기의 종교를 바꿀 충분한 나이가 되었다고 선포하였다. 그 즉시 위그노 자녀들은 유혹을 당하거나 강요를 받아 가톨릭 신자가 되겠다고 말하는 일들이 벌어졌다. 그러면 다시 신교 신자로 돌아가는 것을 막기 위해 그 아이들을 부모에게서 빼앗아갔다. 이로 말미암아 많은 위그노들은 자녀를 잃어버리는 것이 두려워 해외로 도피하였다.

쟝 미고도 동료 위그노들과 마찬가지로 자녀들을 빼앗길까 두려워하였다. 1681년, 그해에는 그에게 또 다른 걱정거리들이 생겼다. 학교의 문을 닫아야 했을 뿐 아니라 법적으로 보장되던 교직마저도 이제는 위그노들에게 금지되어 잃어버리고 만 것이다. 그는 이웃에 있는 작은 마을의 한 교회에 기도문 낭독자와 서기로 청빙을 받았다. 만일 그가 그 마을로 이사 오면 그를 완전히 짓밟아버리겠다고 (미고의 표현대로 하자면 "가장 화가 치민 말투로")

위협하는 그 지역의 가톨릭 신부의 엄청난 분노에 불구하고, 그는 청빙을 받아들였다. 그 사제는 자기가 내뱉은 위협을 실행에 옮겼다. 바로 이 무공Mougon이라는 마을에서 미고의 가족은 "용기병 박해"라고 알려진 끔찍한 박해를 겪었던 것이다.

용기병이라는 이름은 1681년 가을에 뿌아뚜에 파견되어 신교 신자들의 집에 숙사를 배정받은 기병대에서 비롯하였다. 미고는 "신교 신자들과 교황을 신봉하는 기병대가 함께 거주했다고 말해서는 안 된다"고 썼다. 용기병들은 문서로 명령을 받지는 않았지만, 자신들에게 기대하는 것이 무엇인지 잘 알고 있었다. 그것은 위그노들의 삶을 견디기 어렵게 만들어 속히 개종을 받아들이게 하는 것이었다. 개종하면 박해를 벗어날 수 있기 때문이다. 많은 경우에 잔인한 계략이 펼쳐졌지만, 끔찍한 고난에도 불구하고 용감한 위그노들은 믿음을 포기하지 않았다. 그래서 미고가 만났던 다음의 여성처럼 위그노들은 집에서 쫓겨났다.

"그녀는 세 아이를 데리고 들판을 허둥지둥 헤매고 있었다. 한 아이는 가슴에 매달려 있었고, 나머지 두 아이는 그녀의 손을 붙잡고 있었다. 그녀의 대경실색한 모습을 어떻게 묘사해야 할지 모르겠다. 그녀는 어디로 발걸음을 돌려야 할지 알 수가 없었다. 군인들이 쫓아오고 있는 것으로 생각했기에 그녀는 걷는 속도를 늦출 수 없었다. 여러 가지를 물어보아도 그녀는 아무 대답을 하지 않고 걸음을 멈출 수 없다는 말만 반복하였다… 이 독실한 여성은 허허벌판에서 많은 밤을 보냈는데, 은신처도 없었고 대개는 먹을 것도 없었다."

며칠 후에 기병대가 무공 마을에 들이닥쳤고, 곧바로 두 군인이 미고의 집에 도착해서, 미고의 말을 빌면 "조금도 과장하지 않고 스무 명이 먹고 남을 정도로 많은 양의" 음식을 요구하였다. 그를 노리던 사제의 안내를 받아 순식간에 점점 더 많은 군인들이 미고의 집으로 왔는데, 마지막에는 모두 15명이나 되었다. 미고가 양식을 구하러 밖으로 나간 사이에, 군인들은 그의 아내에게 강제로 음식과 포도주 시중을 들게 하더니, 그녀를 재미삼아 "통구이"라고 불리는 고통을 가하였다. 나중에 그 이야기를 들은 미고는 이렇게 기록하였다.

"군인들 가운데 한 사람이 아내에게 난폭하게 발길질을 하더니, 불쌍한 그녀를 다시 거실로 끌고 왔다. 그리고는 그녀를 보호하기 위해 몸을 따뜻하게 덥혀 주는 것이 좋겠다는 말을 주고받았다. 아내는 불이 활활 타고 있는 벽난로 구석에 처박혔다. 군인들은 가구 몇 개를 불감으로 사용했고… 아내가 신교 신앙을 철회하지 않으면 불태워버리겠다고 위협하였다.

• **용기병 모습**

열기가 너무나 세서 군인들은 자신들도 불 가까이에 있을 수가 없었다. 아내 곁에 있던 사람은 2, 3분마다 자리를 비켰다.

신실한 아내는 자신이 누구를 믿고 있는지 알고 있기에 잠시 동안도 마음의 평정을 잃지 않았다. 그녀는 모든 불안과 고통을 주께 맡겼다. 아내는 신앙을 변개시키려는 군인들의 끈질긴 위협을 온화함과 단호함으로 침착하게 물리치다가 결국에는 졸도하여 더 이상 모욕과 고통을 느낄 수 없게 되었다."

이웃으로 우의 좋게 지내던 가톨릭 신자들은 눈앞에 벌어지고 있는 끔찍한 일에 경악하면서 군인들의 발 앞에 몸을 던져 그녀를 살려달라고 애걸하였지만 별 효과가 없었다. 그러나 마침내 한 가톨릭 신부(그 사제가 아님)가 간신히 군인들의 만행에 제동을 걸었다. 이웃사람들이 그녀를 집으로 데려가서 곡물 창고 속에 숨겨주면서 이제 사경에서 빠져나왔으니 괜찮다고 말해주었다. 화가 치민 군인들이 그녀를 찾아다녔지만 허사로 그쳤다.

군인들은 그녀를 찾아내지 못하자 미고의 소유물 전부를 파괴하거나 매각하였다. 이제 무공에 있던 신교 신자들은 "개종"하거나 근처의 숲속으로 도피하거나 둘 중에 하나를 선택해야만 했다.

군인들은 파괴할 수 있는 것은 죄다 파괴한 다음 다른 마을로 이동하였다. 위그노들은 조심스럽게 집으로 돌아갔다. 미고의 동료들과 이웃의 집에서 돌아온 자녀들은 용기병이 두 달 후에 다시 쳐들어왔을 때 불행하게도 그 마을에 머물고 있었다. 이런 상황에서 미고 부인은 가까스로 적시에 아이들을 숨길 수 있었지만, 다섯 살 난 삐에르는 울음을 터뜨리는 바람에 군인들에게 발각되어 "집안 한쪽 구석에서 반대쪽 구석으로 거칠게 내동이치고 말았다." 다행히도 아이가 크게 다치지는 않았지만 심한 공포증에 걸렸다. 나중에 아이는 멍한 상태로 정원을 헤매는 증세를 보였다.

여성들을 발로 차며 "통구이"고문을 하고 어린 아이들을 집어던져 정신을 잃게 하는 이런 명령을 누가 내렸는지 여러분은 궁금해 하실 것이다. 놀랍게도 프랑스 신교 신자들은 국왕을 비난하지 않았다. 만일 국왕이 자기 나라의 백성들에게 어떤 일이 일어나고 있는지 알기만 한다면, 박해를 중단하리라고 생각했기 때문이다. 어떤 사람들에게는 루이 14세가 프랑스의 가장 위대한 왕이었다고 생각될지 모른다. 하지만 그는 군대를 이끌고 전쟁을 치르거나, 파리에서 조금 떨어진 베르사유 궁전에서 호화롭게 지내는 데 대부분의 시간을 썼던 인물이다.

• 루이 14세

• 베르사유 궁전

베르사유 궁전은 보물과 예술품으로 가득 차 있었다. 아첨꾼들은 이른 바 "태양왕"을 거의 숭배하다시피 하였다. 루이는 나라를 장악하는 데 힘을 기울였고, 사냥과 연회, 연극과 소풍 그리고 가장무도회를 즐겼다. 시간이 한참 흐른 1684년에 그는 비밀리 결혼한 뛰어난 여성 드 맹뜨농 부인의 영향을 받아 점점 종교적이 되었다. 그는 젊은 시절에 동성애와 부도덕한 삶 그리고 미모의 여성들을 잇달아 취한 것을 후회하기 시작하였고, 보상 차원에서 교회에 뭔가 봉사를 하길 원하였다. 예수회 사람들과 가톨릭 사제들은 그에게 재빨리 알맞은 과제를 제안하였다. 그것은 모든 위그노를 개종시키는 일이었다!

루이 14세가 이에 동의하자마자, 개종시키는 수단은 다른 사람들에게 맡겨졌다. 국왕은 "약간 부드럽고 효과적인 강압"을 말했지만, 그의 예수회 고해신부 뻬르 라섀즈와 군무장관 마르끼 루브와는 더 큰 권한을 휘두를 태세를 갖추었다.

우리는 지금도 루브와가 위그노들에게 어떤 폭력도 사용해서는 안 된다고 명령을 내렸던 편지들을 읽을 수 있다. 그러나 다른 편지들에서는, 비록 루브와가 서면에 많은 것을 기록하지 않으려고 주의했지만, 박해가 얼마나 교활하게 장려되었는지 볼 수 있다. 여기에 1681년 루브와가 쁘아뚜의 주지사에게 보낸 편지의 일부가 있다.

"폐하께서 11월 초에 기병 연대를 쁘아뚜에 보내어 신교 신자들의 집에 숙사를 배정받게 하라는 지령을 나에게 내리셨습니다. 그러나 전하께서는 모든 군대를 그들 집에 숙영시킬 필요는 없는 것으로 여기셨습니다. 예를 들어, 공정하게 분배를 할 경우, 신교 신자들이 있는 26개의 지역 중에 10개 지역이 한 덩어리를 형성하겠지만,

이제는 그 대신 20개 지역을 한 덩어리로 만들게 하는 것입니다. 그대는 군인들이 부자 신교 신자들의 집에 숙영하게 만들어야 합니다. 그때 둘러댈 구실은 집결한 군인들이 여러 장소가 필요할 만큼 많지 않으면, 가난한 사람들은 면제를 받고 부자들이 짐을 지는 것이 공평하다고 말하는 것입니다. 더 나아가서 폐하께서는 폐하의 명령을 따라 내가 보낸 지시, 곧 개종한 사람들은 누구든지 2년 동안 군대를 숙영하는 것을 면제해 주신다는 지시를 집행하기를 기뻐하셨습니다. 만일 그대가 이 명령이 잘 수행되도록 주선하여, 군대를 분배할 때 부유한 신교 신자들의 집에 더 많은 군인을 오래 주둔하게 만들면, 이 명령은 주둔지 마을에서 많은 회심자를 만들어낼 힘을 가지게 될 것입니다. 하지만 위에 설명한 대로, 폐하께서 바라시는 것은 다양한 지역의 시장들과 부시장들에게 전달한 명령이 단지 구두로만 시행되어, 그대의 부하들로 하여금 폐하께서 위그노들에게 개종을 강요하는 폭력 행사를 시도한다는 생각을 갖지 않게 하는 것입니다."

• 루브와

마리악 같은 지방 관리들은 이 편지를 받고나서 신교 신자들을
박해하는 데 번번이 굉장한 열을 올렸다. 신교 신자들은 자주 무공의
사제 같은 가톨릭 신부들에 의해 극도로 잔인한 고통을 당해야 했다.
많은 가톨릭 평신도들도 박해에 참여하였다. 그들은 신교 신자들이
다른 나라로 도피하면서 어쩔 수 없이 최저가로 팔아넘긴 소유물을
사들여 자신들의 재산을 늘렸다. 어떤 물건들은 그냥 강탈당하거나
도난당하기도 하였다.

그러나 공정하게 말하자면, 미고의 이웃 사람들처럼 많은 착한
가톨릭 신자들은 불행을 당한 위그노들에게 도피처를 제공해주었고,
힘이 닿는 한 그들을 도와주었다.

뿌아뚜에서 첫 번째 용기병 사건이 지나고 나서, 잠시 동안은 마치
박해가 멈춘 듯이 보였다. 왜냐하면 위그노들의 항의가 정부에
관철되어 마리악이 해임되었기 때문이다. 박해가 조금 더 조용히
시행되기를 원했던 루브와의 말에 의하면, 위그노들이 항의할 법적
근거를 갖지 못하게 만들라는 그의 지시를 마리악이 무시했던
것이다. 새로운 행정관인 바비으는 마리악보다 훨씬 더 악질적인
사람인 것이 드러났다. 그 결과 국왕은 곧 뿌아뚜에 더 많은 사람들이
개종했다는 소식을 듣고 기뻐하였다. 왕은 아마도 정말로 무슨 일이
진행되고 있는지 듣지 못했겠지만, 자기의 이름으로 무슨 일이
벌어지고 있는지는 간파했어야만 했다. 왜냐하면 온 세계의 많은
사람들에게 루이 14세란 이름은 폭정과 잔학의 상징이 되어가고
있었기 때문이다.

미고 가족은 뿌아뚜를 떠나야 하는 상황에 처했다. 그 후 얼마
되지 않아 1683년에 미고 부인은 올리비에를 낳고 나서 열병으로
사망하였다. 임종의 순간 그녀는 오직 남편의 "큰 돌봄"에 맡겨야

할 자녀들에 대한 생각뿐이었다. 그녀가 남긴 마지막 말은, "여보, 고마워요. 나는 믿음 안에서 흔들림이 없답니다. 나는 죽어도 행복합니다"라는 말이었다. 이 일 후에 미고의 어려움은 더 심해졌다. 그는 박해가 다시 시작되었기 때문에 자녀들을 은신처로 보내지 않을 수 없었다. 그 자신도 도피자가 되었다. 그는 이렇게 썼다. "나는 뿌아뚜 주를 위아래로 떠돌았습니다. 낮에는 몸을 숨겼고, 같은 집에서 절대로 48시간 이상을 머물지 못하였습니다."그 당시 - 1685년 10월 - 아직도 위그노 신앙을 고수하는 수천 명의 신자들은 모두다 똑같이 쫓기는 삶을 살고 있었다.

8장. 낭뜨 칙령 철회, 노예 그리고 항전

　　1685년 10월 경, 루이 14세에게 왕궁 자문단은 프랑스에서 신교 신자들이 사라지는 것은 시간문제일 뿐이라고 말하였다. 위그노들의 권리와 자유를 단계적으로 파괴하는 일을 맡았던 가톨릭 법관들은 위그노를 근본적으로 보호해주는 규정을 유지할 필요가 있는지 계속해서 문의하였다. 이런 논의에 영향을 받은 루이는 같은 달 위그노들의 개종을 종료하기를 바라는 마음에서 낭뜨 칙령을 철회하였다.

　　위그노들이 수년 동안 박해를 받아온 것은 사실이지만, 낭뜨 칙령 철회는 위그노들에게 더 큰 타격을 입혔다. 그것은 위그노들이 마음대로 예배를 드릴 수 있는 마지막 희망까지 깨뜨려버렸기 때문이다. 곧바로 많은 위그노들이 프랑스를 떠날 생각을 가졌다. 그러나 정부는 숙련된 고급 일꾼들을 잃어버릴 것을 두려워하여 출국을 금지하였다. 정부는 위그노들이 가톨릭으로 개종하여 정착하기를 바랐다. 신교 목회자들에게는 15일 안에 프랑스를 떠나야 한다는 명령이 떨어졌다. 그렇게 해야 위그노들이 다른 행동을 취하도록 독려하는 신앙의 지도자들을 갖지 못하기 때문이다.

철회령이 내려진 후 여러 해 동안, 목회자들은 양떼를 돕기 위해 프랑스에 체류하려 했다는 이유로 죽음에 직면하였고, 도피를 시도하다가 체포된 다른 위그노들은 종신토록 갤리선의 노예가 되는 선고를 받았다. 이 장의 첫 부분에서는 이런 위그노 한 사람에 대한 이야기를 하면서, 갤리선과 거기에서 노예로 부림을 당했던 사람들에 대해 설명할 것이다.

1700년, 쟝 마르뗼르가 겨우 16살 때이었을 때, 용기병들이 그가 살던 뻬리고르 주로 쳐들어왔다. 그는 도망을 쳐 국경을 넘어 네덜란드로 가려고 하다가 체포를 당하였다. 그를 개종시키려는 온갖 시도가 수포로 돌아가자, 그는 덩께르끄에 있는 갤리선으로 보내졌다. 수년 후에 자유를 얻는 다음 그가 쓴 책에서 마르뗼르는 갤리선에 관해 아주 상세하게 이야기하고 있다.

• 프랑스 갤리선

"갤리선은 보통 45미터 길이에 12미터 폭을 가진다. 갑판은 하나밖에 없으며, 화물칸은 여섯 개의 칸으로 나뉜다. 갑판에는 노잡이 또는 갤리선 노예들의 좌대가 60개 놓여있고, 각 좌대에는 여섯 명의 노예가 앉는다. 노는 길이가 15미터인데, 4미터는 안쪽에 있고, 나머지는 배 밖으로 내놓는다. 갑판은 뱃머리에서 선미까지 중앙을 가로지르는 긴 들보에 의해 좌우로 나뉜다. 중앙 들보는 두꺼운 참나무 널빤지로 만들었는데, 궤짝 또는 상자를 이어놓은 형태를 가지고 있으며 그 속에는 천막이나 선원들의 가방을 보관한다. 이 상자 또는 궤짝들 위에 다른 판자들을 십자형으로 덮어 일종의 보도를 만들고, 보도 좌우에는 좌대를 놓는다. 갤리선은 돛을 두 개 가지고 있다. 배의 가운데 고정된 중앙 돛은 높이가 18미터 정도가 되지만 거기에 올라가는데 여러 밧줄이 필요 없다. 선원들은 전문가들이라 밧줄 하나만 가지고도 돛대를 타고 올라갈 수 있기 때문이다. 돛의 활대는 돛보다 두 배나 길다. 따라서 길이가 36미터나 되는 셈이다. 선두에 고정된 앞 돛대는 높이가 12미터이며, 활대의 길이는 24미터이다."

• **노예들의 모습을 보여주는 갤리선**

새뮤얼 페피스처럼 일지를 기록한 영국인 존 이블린은 수년 전에 프랑스 갤리선을 방문한 적이 있었다. 여기에 그가 갤리선에 대하여 남긴 인상이 있다.

"나는 그런 낯선 광경을 처음 보았다. 수백 명의 벌거벗은 불쌍한 노예들이 머리를 짧게 깎고는 조잡한 서랍처럼 생긴 진홍색 모자를 하나씩 쓰고 있었다. 그들은 등과 다리를 모조리 드러내놓고 있었고, 몸통과 다리는 이중으로 된 사슬에 묶여 있었으며, 둘씩 짝을 지어 좌대에 바짝 매여 있었고, 모두 거만스럽고 포악한 선원의 명령을 즉각적으로 따르고 있었다. 이 갤리선에는 화려한 문양이 새겨 있었고 금박을 입혔는데, 그 외에 모든 게 너무나 아름다운 배였다. 이 비참한 노예들이 떼를 지어 갤리선에 머물고 있는 모습을 바라보면서 놀라움을 금할 수가 없었다. 노를 잡고 일어서면서 앞으로 밀고 주저앉으면서 뒤로 당기는 동작은 비참한 광경이었다. 철썩거리는 바닷물 소리와 함께 그들을 결박한 사슬이 부딪히는 소리는 절대로 익숙해질 수 없는 소름끼치는 두려운 것이었다. 무질서를 조금도 용납하지 않고 최소한의 자비도 없이 그들을 다스리고 통제하는 방법이 하나 있었는데, 그것은 등과 발바닥을 후려치는 것이었다. 그런데도 그들에게는 쾌활하고 장난기가 넘쳤다."

쟝 마르뗄르 같은 위그노들과 갤리선 노예로 선고를 받은 터키인 전쟁 포로들은 죄수들 축에 끼었다. 이블린이 묘사한 것 같은 잔인한 형벌을 아무도 면할 수가 없었다. 이쯤에서 실제이건 추정이건 범행자에게 가해지는 야만적 처우를 설명하는 마르뗄르의 글을 읽어보자.

"그는 얼굴을 아래로 향하고 몸을 뻗는다. 팔은 이쪽 벤치에 걸치고 다리는 저쪽 벤치에 걸친다. 서로 마주 서 있는 두 노예가 양쪽 벤치를 붙잡는다. 형 집행은 보통 터키 노예가 맡는데, 손에 밧줄을 들고 범행자 위에 서서 눈곱만큼도 인정사정없이 때린다. 만일 그가 느슨한 태도를 보였다가는, 거의 그런 경우가 없지만, 자기가 범행자에게 했어야 할 매질을 그대로 노예부장에게 당하기 때문이다. 그래서 집행자는 매란 매를 온 힘을 다해서 때렸고, 매를 때릴 때마다 엄지손가락 굵기의 채찍자국이 돋아 올랐다. 이런 형벌을 판결 받은 사람은 속임수를 쓸 필요 없이 열 대 또는 열두 대 이상을 버틸 수가 없었다. 하지만 그렇다고 해서 집행자가 매를 때리는 것을 그만두지는 않았다."

노예들은 이따금씩 아주 작은 범행만 저질러도 이 무서운 '장형'을 받았는데, 노예부장은 보통 20대에서 30대를 때리라고 명령을 내렸다. 마르뗄르는 50대, 80대, 심지어 100대까지 때리라는 명령을 본 적이 있다. 그러면 이렇게 매질을 당한 사람은 거의 회복되는 법이 없었다. 매질을 한 후에 범행자의 등을 소금과 식초로 문질렀는데, 이것은 고통을 가중시켰다.

갤리선은 전함으로 프랑스 해군에 소속되어 있었다. 루이 14세는 자주 전투를 치렀다. 마르뗄르의 이야기를 들어보면 다른 나라들이 갤리선과 전투를 치르는 것을 얼마나 두려워하고 싫어했는지 알 수 있다. 날씨가 잔잔한 날에는 마치 범선처럼 불시에 나타나기 때문이었다.

"이런 때면 갤리선은 경이로울 정도로 신속하게 적선의 옆으로 접근하여 적군에게 겁을 주기 위해 온 힘을 다해 나팔을 불거나 선원 모두가 함성을 지른다.

그러면 적군은 확실히 갤리선이 접근한 것에 충격을 받아 두려움에 빠진다. 거의 벌거벗다시피 한 300명의 남성들이 일사분란하게 노를 저으며 쇠사슬을 철커덕거리는 아주 섬뜩한 장면은 마음에 이상야릇한 감정을 불러일으킨다. 갤리선과 마주쳤을 때 두려워하지 않고 견뎌내려면 철옹성 같은 마음을 가져야만 한다."

한번은 마르뗄르의 갤리선이 화란 선박을 불시에 기습하였는데, 그 배의 선원들은 정말로 너무나 놀라 무시무시한 소리를 듣자마자 모두 화물칸으로 도망쳤고 배는 즉시 항복하고 말았다! 후에 마르뗄르는 자기의 갤리선이 영국 범선과 교전을 하게 되었을 때 마음이 편하지 않았다. "내가 앉은 좌대에는 프랑스 사람 다섯 명과 터키인 한 명이 앉아있었는데, 바로 맞은편에 금방 봐도 장전된 것을 알 수 있는 대포 1문이 놓여있었다. 두 배가 너무나 가까이 접근해있었고, 나는 아주 조금만 몸을 일으켜도 손으로 대포를 만질 수가 있었다."

마르뗄르는 영국군 포수가 불붙인 화승을 들고 이 대포에서 저 대포로 이동하는 것을 보았다. 그는 뜨겁게 기도하면서 죽음을 맞이할 준비를 갖추었다. 운명의 장난이랄까 대포알이 그를 넘어갔다. 포탄이 터지면서 그를 좌대로부터 쇠사슬의 길이만큼 날려버렸다. 그는 혼비백산한 상태에서 뒤로 기어가 동료들에게 위험이 지나갔다고 말을 건넸다. 하지만 살아남은 것은 자기 혼자뿐이었다. 그는 이 끔찍한 장면을 보고는 의식을 잃었다가, 어떤 사람이 그의 부상당한 다리를 움켜쥐는 바람에 극심한 통증을 느끼며 깨어났다. 그는 사람들이 자기를 죽었다고 생각하여 막 물속에 던져지려는 것을 알았다. 노예들에게는 장례를 치러주는 법이 없었다. 그는 살아있다는 것을 알리는 소리를 질렀고, 밧줄에 감겨 화물칸으로 던져졌다. "이 숨 막히는 짐칸 속에서, 만일 부상자들이 거기에 던져지지 않았더라면 살아남을 수도 있었을 텐데, 엄청나게 많이 죽었다"고 그는 썼다. 마르뗄르는 회복을 얻었지만, 다시는 노를 젓는 자리에 앉을 몸이 아니었다. 대신에 그는 선장의 비서가 되었다. 물론 아직은 노예의 신분이었지만, 그것은 그에게 만족스런 삶이었다.

챵 마르뗄르는 신교 신앙을 포기하지 않는다는 이유로 이렇게 고난을 당하였다. 그러나 정말 이상하게 들리겠지만, 이 같은 선상 경험이 그의 인생에서 가장 무서운 일은 아니었다.

마르뗄르가 국경을 넘으려다 체포된 지 12년 후에 스페인 왕위 계승 전쟁에서 루이 14세에게 승리한 영국인들이 덩께르끄에 입성하였기에, 프랑스 당국은 갤리선의 위그노 노예들을 대규모 함대가 있는 마르세유로 보내기로 결정하였다. 왜냐하면 영국인 신교 신자들이 위그노들을 석방할 것을 두려워했기 때문이었다. 그래서 80세가 넘은 22명의 위그노들이 프랑스를 관통하는 악몽 같은 행군을 시작하였다. 어떤 마을에서는 어쩔 수 없이 가톨릭으로 개종하였지만 옛 신앙을 결코 잊지 않고 있었던 동료 신교 신자들에게 대접을 받았다. 이 때문에 당국은 회심자들을 잃어버릴까 염려하여 더욱 엄해졌다. 노예들은 밤에는 감옥에서 잠을 잤는데, 그 가운데 파리에 있는 감옥이 최악이었다. 여기에 뚜르넬르 성이라는 무서운 장소를 묘사한 마르뗄르의 글귀가 있다.

"이 감옥, 정확히 말하자면 감옥이 아니라 동굴은 원형으로 꽤 넓었다. 고르지 않은 바닥은 75센티 두께의 큰 참나무 각목을 90센티 간격으로 놓아 만들었다. 이 각목들에 45센티 길이의 쇠사슬이 60센티 간격으로 묶여 있었고, 사슬 끝에는 똑같은 금속으로 만든 큰 고리가 달려 있었다. 처음 이 감옥으로 끌려온 노예는 머리가 바닥

각목에 닿도록 큰 대자로 눕혀진다. 그러면 그의 목에 고리를 두르고 망치와 모루로 고정시킨다. 쇠사슬들은 각목에 60센티 간격으로 고정되어 있고, 바닥 가운데 긴 곳은 12미터나 되는 곳도 있었으므로, 20명 정도를 사슬에 일렬로 묶을 수가 있었다. 물론 보통은 바닥의 길이에 사람 수를 맞추었다. 이런 방식으로 500명이나 되는 비참한 노예들이 한 자세로 묶여 있었다. 이것은 정말로 강한 심장을 가진 사람의 마음도 사그리 녹여버리고 말았다. 목이 너무 높은 바닥 목재에 고정되어 몸을 쭉 뻗을 수 없는 사람이든지, 사슬이 너무 짧아서 똑바로 앉거나 설 수 없는 사람을 상상해보라. 한 마디로 말해서 앉지도 눕지도 못하는 자세, 몸의 일부는 사슬에 묶인 각목에 있고 다른 부분은 바닥에 있는 자세를 생각해보라. 우리들은 사지에 말로 표현할 수 없는 고통을 느꼈고, 특히 우리 가운데 있었던 노인들은 더욱 그랬다.“

그들은 파리를 떠난 후에도 더 심한 고통들을 많이 견뎌야 했다. 어떤 날에는 위그노들과 다른 죄수들이 종교서적이나 혹시라도 다른 귀중품들을 지니고 있나 수색을 당했다. 그들은 옷을 모조리 벗고 2시간 동안 서리와 바람을 맞으며 서 있어야 했다. 심지어는 손수건마저 빼앗겼다. 그들에게 이동하라는 명령이 떨어졌지만, 몸이 얼어붙어 움직일 수가 없었기 때문에 두들겨 맞아 마구간으로 끌려갔다. 22명의 위그노들 가운데는 죽은 사람이 없었지만, 다른 죄수들은 그날 밤에 18명이나 목숨을 잃었다. 살아남은 사람들은 그나마 몸을 따뜻하게 해준 퇴비 더미 속에 누운 덕분이었을 것이다. 그 비참한 노예들 대부분은 살아남기 위해 퇴비 속에 몸을 완전히 파묻었다.

죽은 사람들의 수가 살아남은 사람들보다 많을 때쯤, 마침내 그 행렬은 마르세유에 도착하여 갤리선의 노역에 배정되었다. 다행히도 영국과의 협정 덕분에 노예들은 이듬해에 석방되었다. 쟝 마르뗄르와 그의 동료들은 제네바로 갔다. 많은 사람들이 그들을 맞이하러 와서 승리의 행렬을 이루며 제네바로 바래다주었다. 이렇게 마르뗄르는 13년 만에 자유를 얻었지만, 많은 위그노들이 감옥과 갤리선에서 끔찍한 취급을 받다가 목숨을 빼앗겼다. 그들이 이런 모진 고난 가운데서도 신앙을 견실하고 용감하게 지켜낸 것을 보면 그저 놀랄 뿐이다. 오직 담대한 위그노들만이 마르뗄르가 믿음을 위해 당했던 것 같은 고난들을 이겨낼 수 있었다. 다른 사람들은 강제로 가톨릭으로 돌아가서 미사에 참석하였다. 추산에 의하면 이런 방식으로 4십만 명이나 되는 위그노들이 가톨릭으로 개종했다고 하지만, 대부분은 말로만 가톨릭 신앙을 따를 뿐이었다. 그래서 극심한 박해가 지나가는 것처럼 보이면, 그들은 다시 모여 시편 찬송을 부르기 시작했던 것이다. 어떤 위그노 목사들은 프랑스에 남았고, 다른 목사들은 비밀리 프랑스로 돌아왔다. 그래서 당국은 위그노 목사들에게 사형을 공포하였고, 그들을 고발하는 사람들에게는 엄청난 상금을 수여하였다.

　정부가 온갖 조치를 취했음에도 불구하고, 프랑스에는 신교 신자들을 완전히 근절시킬 수 없는 지역들이 있었다. 그 가운데 하나가 랑그독이었다. 그곳에서 1686년과 1700년 사이에 60번이나 처형이 집행되었고, 320명이 갤리선 노예 형벌을 선고 받았다. 당시 이곳의 행정관은 바비으였다. 그는 전에 쁘아뚜에서 마리악의 후임이 되었던 사람이다. 그의 포악함은 더욱 심해졌다. 한 번은 그의 군인들이 위그노 60명을 살상하였고, 살아남은 사람들을 혁대를 꼬아 만든 채찍으로 때렸다. 바비으는 책임을 맡은 부대장을 칭찬하면서

모든 여자들의 코를 베어버리지 못한 것이 제일 후회가 된다고
말하였다!

용기병들 뿐 아니라 폭군의 명령에서 나오는 폭력과 고문에 직면한
랑그독 사람들은 항거를 일으키게 되었다. 교회가 파괴되고 목사들이
국외로 떠나자, 신교 신자들은 비밀리에 회집하였고, 젊은 남녀들이
비공식적인 설교자로 섬기게 되었다. 그들 가운데 몇 사람은 예언의
은사를 받았다고 주장하였는데, 단순한 시골 사람들에게 즉시
열광적인 종교심을 불러일으켰다. 그들은 회집할 교회가 없었기
때문에 그림에서 보는 바와 같이 광야의 한적한 곳에서 모임을
가졌다. 이렇게 하여 "광야 교회"가 탄생하였다.

• 광야 교회

이른 바 까미자르 항거는 1702년에 터졌다. 반란군은 이미 열광적인 "예언"에 크게 자극을 받은데다가, 무거운 조세에도 크게 분노하여, 징수원들을 목매달고 사제들을 살해하면서 "세금 거부와 종교 자유"를 외쳤다. 당국은 야만적으로 반응하였다. 체포된 반란군을 형거(刑車)에 넘겨 몸을 찢었고, 반란을 진압하기 위해 군대를 보냈다. 하지만 루이 14세는 영국을 비롯하여 다른 나라들과 전쟁 중이었기 때문에 예비 병력이 많지 않았다. 이런 이유와 함께 랑그독에 산재한 바위, 동굴, 수풀은 위그노들이 은신처로 활용하기에 알맞았기 때문에, 항거는 2년 동안이나 지속되었다.

쎄벤느라고 알려진 산지에서 치른 이 달갑지 않은 작은 전쟁의 영웅은 쟝 까발리에였는데, 그는 일종에 로빈 후드와 같은 인물로 가톨릭 사람들을 약탈하여 추방당한 신교 동료들에게 양식과 생필품을 제공하였다. 그를 만난 적 있는 어떤 사람이 다음과 같이 묘사하였다.

"그는 호리호리한 체구를 가진 멋진 사람으로 쾌활하고 세련된 모습을 지니고 있었다. 그는 추종자들 사이에서 다윗이라고 불리었다. 그는 본래 제과 견습생이었는데 23살의 나이에 상당히 규모가 큰 추종세력을 이끄는 지도자가 되었다. 그가 워낙 용맹스런 사람인데다가, 직접 계시를 받았다는 어떤 여선지자가 성령께서 그를 지도자로 임명하셨다고 선포하였기 때문이다. 그는 8백 명이나 되는 군대를 이끄는 대장이 되었다."

까미자르(옷 위에 덧입는 슈미즈 또는 셔츠 때문에 그렇게 불리었다)는 프랑스 군대에 큰 고통을 안겨주어 결국은 휴전을 일구어냈다. 정부군이 그들을 결코 격파할 수가 없었기 때문이다. 이렇게 하여 "위대한 군주"루이 14세는 제과 견습생과 평화협정을 맺고 만 것이다!

심지어 까발리에는 루이의 화려한 베르사유 궁전을 방문하였다. 국왕은 그를 만났지만 아무 말도 하지 않았다. 이것은 별로 놀라운 일이 아니다. 그러나 얼마 되지 않아 까발리에는 가톨릭 왕국인 프랑스에 계속 머물다가는 목숨을 잃을 위험이 있다는 두려움에 사로잡히기 시작하였다. 그는 도피하여 루이 14세의 적군에 합세하였다. 그는 영국군의 장군으로 활동하다가 저르제 섬의 총독으로 인생을 마쳤다. 이런 특이한 삶을 산 사람은 세상에 몇 명 되지 않을 것이다.

까발리에가 쎄벤느를 떠난 후에 다시 항거가 일어났는데, 오랜 투쟁 끝에 정부는 반군의 계획과 은신처를 찾아내어 해외로 도피하지 못한 사람들을 박살내버렸다. 그러나 루이 14세의 통치가 끝나던 1715년경에는 광야교회가 꾸준히 성장하여 극심한 박해에도 불구하고 위그노 정신은 프랑스의 많은 지역에서 여전히 건재하게 되었다.

• 쟝 까발리에와 까미자르

9장. 이주

　　낭뜨 칙령 철회 앞뒤로 수천 명의 위그노들은 위험을 무릅쓰고 프랑스를 떠나는 데 성공하였다. 이 장의 첫 부분에서 쟈끄 퐁텐느라는 어떤 망명자의 이야기를 들려주려고 한다. 그는 망명 후 40년 쯤 지나서 자기의 회고록을 썼다. 그의 책을 읽어보면 위그노들이 프랑스를 떠날 때 뿐 아니라 다른 나라에서 정착하려고 할 때 봉착했던 어려움을 이해하는 데 도움이 된다. "마침내 1685년 10월 큰 박해자 루이 14세가 낭뜨 칙령을 파기하고 철회했을 때, 나는 죽거나 떠나거나 둘 중에 하나를 선택해야 한다는 생각이 들었다"고 퐁텐느는 썼다. "그녀 집에서 유일하게 금발을 지닌 미모의" 약혼녀 안느-엘리자베뜨 부르씨꼬, 그리고 그녀의 어린 여동생과 조카 쟈네뜨와 함께, 그는 50명 내지 60명의 다른 망명자들과 함께 해안가에서 배를 기다렸다. 쟝 미고가 그랬던 것처럼, 그도 처음에는 기회를 놓치는 바람에 인근의 마을로 돌아가야만 했다.

너 닷새 후에 퐁텐느는 가족을 갑판 없는 보트에 태워 바다에 조금 떨어져 정박하고 있는 영국 선박에 데려가야 한다는 말을 들었다. 젊은 남성 두 사람과 소녀 여섯 명이 그의 가족에 합세하여 세를 주고 빌린 보트를 타고 순조롭게 전진해서 미리 조율한 대로 돛을 세 차례 내렸다 올렸다 하면서 영국 선박에 막 신호를 보내려고 하였다. 그때 갑자기 프랑스 프리깃 범선이 모습을 드러냈고 영국 선박 곁에 닻을 내리더니 수색대를 배위로 올려 보냈다. 신교 신자가 없는 것을 확인하고는 프랑스 수색대가 선장에게 출범하라고 말하였다. 갑판 없는 보트에 몸을 맡긴 망명자들은 뒤에 버려지거나 발각되거나 아니면 두 가지가 다 일어날지 모른다는 끔찍한 공포에 휩싸였다. 그때 퐁텐느에게 좋은 생각이 떠올랐고, 뱃사공과 그의 아들도 한번 해보자며 마음을 같이 하였다. 망명자들을 바닥에 눕히고 낡은 돛으로 덮은 다음, 두 사람은 술에 취해 길을 잃은 척 하면서 용감하게 프리깃 범선 쪽으로 배를 곧장 몰고 갔다.

술김에 싸우는 듯이 하면서 한 사람이 누가 봐도 실수처럼 보이게 돛을 쓰러뜨렸다. 그러자 다른 사람이 그것을 일으켜 세우더니 또 다시 넘어뜨렸다. 그리고 똑바로 세우려는 찰나에 다시 한 번 쓰러뜨렸다. 이 광경을 본 영국 선장은 잠시 기다려야 함을 알아차렸다. 프리깃 선원은 술 취한 멍청이들(그들이 보기에)에게 되돌아가라고 충고하였다. 왜냐하면 그런 상태로는 절대로 항구에 도달할 수 없을 것이기 때문이었다. 그래서 그 작은 보트는 영국 선박의 뒤를 좇아 바다 쪽으로 나아갔고, 프리깃 범선은 수상히 여기지 않고 떠나갔다. 얼마 지나지 않아 망명자들은 영국으로 향하게 되었다. 퐁텐느는 여러 해가 지난 후에, "많은 위험을 감수한 우리에게 그 날은 복된 날이었다"고 기록하였다.

• 18세기 초 반스터플의 모습

그의 가족은 11일 동안 바다에 떠 있었는데 가진 게 거의 다 떨어져 지치고 굶주린 상태가 되었다.

"때는 1685년 12월 1일이었고, 그곳은 반스터플을 통과하는 작은 강의 입구에 위치한 브리스틀 해협의 애플도오였다.

그러나 굶어죽으라고 우리를 안전한 나라에 보낸 것이 아닌 하나님께서 반스터플의 지도층 인물들의 마음을 감동시켜 사람을 보내 우리 열두 사람 모두를 찾아내게 하셨다. 그들은 각 가정에 한 사람씩을 데리고 가서 믿기 어려울 정도의 친절과 우정을 베풀며 우리를 대접하였다. 그들은 자기 집에 데리고 간 프랑스 남녀를 자녀나 형제라고 느낄 만큼 정말 잘 돌보아주었다. 이렇게 하나님께서는 낯선 나라에서 부모와 형제를 만나게 하셨던 것이다."

영국인들은 동료 신교 신자들을 온화한 마음으로 정성껏 환대하였고, 전국에서 총액이 수천 파운드에 달하는 돈을 모금해주었다. 그러나 당연하게도 위그노들은 구호금을 받아 살기를 바라지 않았고, 쟈끄 퐁텐느처럼 사업을 열기를 바랐다. 그는 "하나님의 섭리에 감사하게도, 나는 애플도어에 도착해서 처음으로 입 안 가득 먹었던 빵맛을 잊을 수가 없다"고 기록하였다. 퐁텐느는 자기에게 가져다준 "접시만큼 큰" 비스킷 값이 프랑스에서보다 고작해야 4분의 1밖에 되지 않는 것을 알았다. 그는 즉시 영국인 집 주인 다운 씨와 함께 사업에 뛰어들어, 프랑스에 알고 지내는 사람들에게 밀을 보냈고, 그들은 그 대신에 포도주를 보내주었다. 이윤이 톡톡히 남았다. 그러나 불행하게도 다음 세 번의 거래는 상대방이 정직하지 않은 탓에 손해를 보는 바람에 퐁텐느는 그 사업을 접었다. 그 사이에 조금 우스운 일이 한 가지 벌어졌다. 다운 씨의 여동생이 쟈끄 퐁텐느와 사랑에 빠지고 만 것이다. 그래서 그녀는 퐁텐느의 약혼녀에게 청혼하라고 자기 오빠를 꼬드겼다. 그래야만 자기가 퐁텐느와 결혼할 수 있기 때문이었다. 그러나 퐁텐느는 영어를 거의 못하는 척하면서 사태를 모면하고는 재빨리 약혼녀와 결혼해버렸다. 반스터플 사람들이 이 젊은 부부의 작은 집에 찾아와서 해준 일들을 보면 정말 따뜻하게 대해준 것처럼 보인다. 퐁텐느의 말을 들어보자.

"그들은 우리가 가난하다는 말을 듣고는 세상에서 가장 따뜻한 모습으로 이 조그만 집에 필요한 모든 물품을 마련해주어, 나는 조금도 돈을 들이지 않고 가재도구를 갖추게 되었다. 그러나 그게 다가 아니었다. 장이 서는 날에는 누구에게 감사를 표해야 할지도 모르게 곡식과 육류와 닭고기를 받았다."

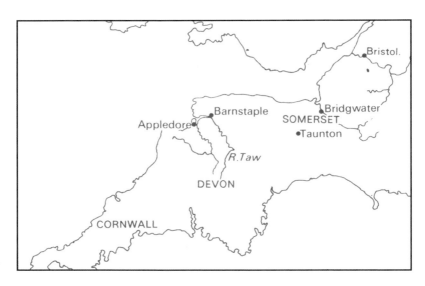

• 쟈끄 퐁텐느와 관련된 영국 서남부 도시들

폼텐느는 1년 동안 반스터플에 머물렀는데, 일을 하지 않고 구제를 받아 사는 것 때문에 고민이 되었다. 그는 브릿지워터에서 잠시 지낸 후에 톤톤에 정착하였다. 거기에서 그는 의류를 제조하였고 상점도 열었다. 그의 제조방식은 다른 제조업자들이나 점주들보다 훨씬 발전된 것이어서 사업이 잘 되기 시작하였다. 그의 경쟁자들은 시기가 나서 시장이 주재하는 법정에 그를 세워 사업을 망가뜨리려고 하였다. 그러나 폼텐느는 지혜로운 변호사가 시샘하는 사람들에게 던진 질문 덕분에 위기를 모면하였다. 폼텐느와 그의 가정이 생계는 꾸리지만 세금을 못내는 것이 좋겠느냐는 질문이었다(돈 벌어 세금을 많이 내는 것이 가난하여 세금을 못내는 것보다 낫다는 뜻). 폼텐느는 방면되었지만 톤톤에 머무는 동안 반대자들의 시샘에서 결코 자유롭지 못하였다. 1694년에 그는 1천 파운드를 벌었고 다른 곳에서 새로운 모험을 해보기로 마음먹었다. 그 사이 그는 목사가 되었고, 정착하는 곳 어디에서든지 프랑스인 교회를 시작하고 학교를 개설할 소망을 품었다. 그는 나중에 의류제조를 재개할 결심이 서면 필요할지도 모를 장비들을 꾸렸다. 그는 말 열두 필을 부려 재산을 브리스틀로 이동하였고, 거기에서 아일랜드 남부에 있는 코르크로 가는 배를 탔다.

많은 위그노들이 아일랜드를 선택했는데, 그 까닭은 1662년부터 그곳 총독이 모직과 비단 산업을 희망하는 프랑스 망명자들에게 모든 혜택을 약속했기 때문이다.

그들이 영국 왕에게 충성을 서약하는 조건으로 "국왕의 신실한 토박이 백성"으로 간주되었다. 이로 말미암아 그들은 여전히 외국인으로 취급받는 영국에서보다 제한을 훨씬 덜 받고 무역과 산업을 추진할 수 있었다.

• 오라니에 빌럼 공

1689년에 오라니에 빌럼은 왕으로 즉위하자 아마(linen) 산업을 독려하였고 네덜란드에 살고 있는 루이 끄로플랭이라는 위그노를 직접 초청하여 아일랜드에 정착하게 하고 탄탄한 기초 위에 산업을 일구게 하였다. 끄로플랭은 당시 섬세한 아마 생산의 본거지인 프랑스에 있을 때 부친으로부터 아마 제조법을 배웠는데, 네덜란드에서 그 기술을 완성하여 흰 옷감을 생산하였다. 끄로플랭은 전문기술에 더하여 재치와 아량과 지칠 줄 모르는 힘과 완벽한 정직함을 지니고 있었다. 그는 어떻게 해야 일꾼들의 마음을 꾸준히 얻을 수 있는지 알고 있었으며, 그가 데리고 온 네덜란드와 프랑스의 숙련된 기술자들뿐 아니라 오래지 않아 벨파스트에 가까운 리즈번에서 수백 명의 아일랜드 일꾼을 고용하였다. 1698년 끄로플랭이 도착하기 전에는 한 해에 겨우 3십만 야드의 아마를 수출하였지만, 1710년에 이르러는 1,688,574 야드를 해외에 보냈다. 1796년에는 총합 4천7백만 야드에 달하였다. 오늘날도 아일랜드의 아마 산업은 여전히 번창하고 있다.

코르크에서 쟈끄 퐁텐느는 즉시 모직 의류 제조 산업에 뛰어들었고, 동시에 자기가 계획을 세웠던 프랑스인 교회를 설립하였다. 그는 자기 집의 일층 넓은 공간을 예배실로 사용하였다. 회중을 위해서는 벤치를 들여놓고 설교자를 위해서는 강단을 구비하였다. 하지만 얼마 안 되어 시샘하는 사업 경쟁자들 때문에 회중 가운데 퐁텐느와 시비가 벌어졌다. 영국의회는 경쟁을 염려하여 아일랜드의 의류 수출을 금지하였고, 이 때문에 퐁텐느는 또 다시 망했다. 그는 어업을 시작하여, 아일랜드의 남서 연안에 위치한 비어해븐이라는 한적한 곳으로 이동하였다. 첫해에는 어획량이 많지 않았다. 이듬해에는 그의 동료들은 배를 이용해서 스페인과 무역을 해서, 그는 겨우 약간의 성공을 거두었다. 그러는 사이에 그는 농사도 지으면서 돌로 자기 집을 건축하였다.

그때 영국과 프랑스 사이에 다시 전쟁이 일어났다. 그는 어쩔 수 없이 자기 집을 지키기 위해서 프랑스 해적들과 싸워야 했다. 그들이 연안에 상륙해서 농장을 불태우고 약탈했기 때문이다. 처음에는 퐁텐느가 솜씨 좋게 집을 지켰다. 그런데 주위에는 이삼 백 명이나 되는 아일랜드 가톨릭 신자들이 그 사태를 지켜보고 있었다. 약탈품을 나누어 가지려는 속셈이었던 것이다. 여덟 시간에 걸친 방어 끝에 퐁텐느의 탄약은 모두 소진되고 말았다. 하지만 그는 침입자 세 명을 죽였고 일곱 명에게 부상을 입혔다. 반면에 열두 명 정도 되는 그의 동료들 가운데는 오직 한 명만 부상을 입었다. 아주 위태로운 순간에 적들은 퇴각하였다. 후에 정부는 전시에 연안을 방어하는 데 도움을 준 것에 대한 감사의 표시로 퐁텐느에게 매일 5실링을 연금으로 지급하는 상을 수여하였다. 그러나 4년 후, 다른 해적들이 들이닥쳤을 때, 퐁텐느는 집에 자기 가족 밖에 없었기 때문에 그들을 물리칠 수가 없었다. 그의 가족은 싸우기는 했지만 결국은 목숨을 살려준다는 약속 아래 항복을 하였다. 그들은 해적들이 집을 부수고 재산을 약탈하는 장면을 지켜보아야만 했다. 약속에도 불구하고 부상당한 퐁텐느는 해적선으로 끌려가서, 100파운드를 조달할 때까지 억류당했다. 다음날 그의 부인이 30파운드를 빌려왔고, 해적들은 그 돈을 받고 퐁텐느를 석방했다. 하지만 그들은 대신에 그의 아들 하나를 붙잡아두었다. 정부가 이 소식을 접하고는, 아일랜드와 영국의 항구에 있는 모든 프랑스 죄수들에게 쇠고랑을 채웠다. 너무나 큰 소동이 벌어져 그의 아들 삐에르는 더 이상 아무 것도 지불하지 않고 석방되었다.

퐁텐느는 손해 본 것에 대해 정부로부터 800파운드를 보상받아 그 돈으로 더블린에다 집을 구입하였다. 그 집은 귀신 나오는 집이라는 소문이 있었지만, 믿음이 좋은 위그노인 퐁텐느는 악귀를 믿지 않았기 때문에 기쁘게도 그 집을 싼값에 매입하였다. "악귀"들은 그 빈 집에 숨어 지내던 거지 떼인 것이 드러났고, 퐁텐느는 그 문제를 곧 처리하였다. 오랜 시간 끝에 드디어 그는 자기가 꿈꾸던 학교를 설립하였고 자기의 가족도 교육을 시키게 되었다. 1722년 또는 1723년 무렵에 그들의 아버지인 퐁텐느는 사망하였다. 그의 자녀들 대부분은 버지니아로 가서 새로운 출발을 하였다. 거기에서 그의 자녀들은 번영을 이루었다. 미국에 있는 증손녀 한 명이 쟈끄 퐁텐느의 기록을 발견하여 출판하였다. 바로 그 책을 통해 우리는 그의 이야기를 알게 된 것이다.

퐁텐느의 자녀들은 자유와 성공을 찾으러 미국으로 건너간 많은 위그노들 가운데 일부였다. 어떤 이들은 영국과 화란을 거쳐 뉴욕으로 갔고, 다른 이들은 롱아일랜드 하구 근처에 뉴로셸 같은 마을을 건설하였다. 이름이 암시하듯이 초기 정착민들 가운데는 라로셸 근방에서 온 사람들이 많았다. 위그노들이 신세계에서 안정된 직업을 갖기까지는 시간이 조금 걸렸지만, 대부분은 안락하게 살 수 있게 되었다.

고향 프랑스로부터 멀리까지 이동한 위그노들 가운데는 화란을 떠나 화란 식민지인 희망봉까지 간 사람들도 있다. 다음 그림은 드라켄슈타인 산자락에 위치한 프랑스인 지역(프랑슈후크)의 정착지를 보여준다. 정착민들은 경작할 수 있을 만큼의 땅을 얻었고 재배를 장려 받은 것은 포도나무와 감람나무였다. 비록 아주 적은 수의 위그노들이 전혀 알지 못하던 나라로 갔지만, 거기에 있는 유럽 인구 가운데 7분의 1을 이루었다. 비이에라는 성씨를 가진 한 가족은 라로셸 근처의 출신이었다. 본래 삐에르, 아브라암, 쟈꼽 세 형제는 농사를 짓던 사람들이었다. 그들은 막내 동생이 먼 길을 여행하기에는 너무나 어려 남겨두고 떠나야만 했다. 그들은 "시온"이라는 이름의 배를 타고 화란에서 출발하여 선상에서 심한 병을 앓으면서 어렵사리 여행을 하였다. 그들은 서로 격려하였고 아침과 저녁으로 기도하면서 용기를 북돋우었다.

모든 위그노들은 프랑스어 성경과 프랑스어 시편찬송가를 지니고 있었다. 세 형제는 프랑슈후크에서 농사를 지으면서 그곳을 라로셸이라고 이름 붙였다. 그들은 말을 한 필 사서 이웃 마을에 있는 교회에 다녔다. 그들 모두는 위그노 여성들과 결혼하였다. 삐에르는 본래 농장이 있었던 곳에 집을 건축하였다. 그 집은 그가 심은 참나무와 함께 아직도 그곳에 남아있다. 그는 25명의 자녀를 낳았고, 생전에 100번째 손주를 보았다. 그래서 드 비이에라는 이름이 남아공에서 널리 알려진 것은 전혀 이상한 일이 아니다! 삐에르의 자녀 가운데 첫째와 둘째가 법원장이 되었다. 조만간에 이름 외에는 위그노와 화란 정착민을 구별할 수 있는 방법이 아무것도 없었다. 프랑스어가 곧 사라졌고, 그로 말미암아 프랑스 교회를 구분 지을 필요도 사라지고 말았기 때문이다.

오늘날은 현존하는 위그노 정착지들 가운데 프랑스어를 사용하는 곳을 찾아보기 어렵지만, 독일의 프리드리힉스도르프에서는 일종의 프랑스어가 여전히 사용되고 있다. 그곳은 본래 신도시(das Neue Dorf)였는데, 그 일부는 프랑스의 여러 곳에서 온 망명자들이 건설하였다. 독일의 그 지역 통치자였던 헤세-홈부르크의 프레데릭 2세는 망명자들에게 10년 동안 면세, 무이자 토지대여, 축산 목초지,

자치 행정기관, 사업 창립 권리를 허용하였다.

이주지는 융성하였는데, 주된 사업은 쯔비박(Zwieback)이라는 비스킷을 만들어 세계 곳곳으로 수출하는 것이었다. 다른 독일 영주들도 역시 프랑스 망명자들을 관대하게 대우하였다. 그들의 사업과 교역이 이익을 가져다주는 것을 알았기 때문이다. 프레데릭 빌헬름이라는 유명한 선제후가 통치하는 브란덴부르크-프러시아는 위그노들에게 선박과 식량을 제공하여 함부르크 같은 항구로 데려간 다음, 거기로부터 사방에 있는 그의 많은 영지 도시들로 보냈다. 특히 환영을 받은 것은 농경 전문가들이었다. 제지업자와 유리 제조인 그리고 다른 기술자들도 환영을 받았다. 만 명에 달하는 위그노들이 베를린에 정착하였다. 그곳은 위그노들이 오기 전에는 뒤처진 가난한 지역이었다. 그러나 위그노들이 가지고 온 기술과 교역은 베를린을 발전시켜 유럽의 중심지로 만들었다. 프레데릭 빌헬름 선제후가 위그노들을 군대와 교육기관에도 받아들였기에 그들은 과학과 문학에 공헌을 하였다.

위그노의 가장 큰 망명지는 화란이었다. 7만5천 명 정도가 화란에 정착한 것으로 추산된다. 그들 가운데 대략 5분의 1은 대규모 상업도시인 암스테르담으로 갔다. 그들은 거기에서 12년 동안 면세를 받았다. 아일랜드에서처럼 - 화란에서는 조금 늦게 수여되기는 했지만 - 그들은 귀화하여 완전한 시민권을 받았다.

당시 유럽을 인솔하여 루이 14세와 전쟁을 치르고 있던 화란의 총독 오라니에의 빌럼을 지지하기 위해서 많은 위그노들이 참전하였다. 알려진 바에 의하면, 프랑스는 패전하면서 도합 9천명의 해군과 6백 명의 육군 장교, 그리고 1만2천 명의 아까운 병사를 잃었다. 승리는 연합군 쪽으로 기울어졌다.

• 〈암스테르담에서의 전경〉

　위그노들은 편을 바꾸어 자기들을 박해하였던 프랑스와 싸우기 시작하자, 아주 적은 수를 제외하고는 새로운 군주들에게 충성을 다하였다. 쟈끄 퐁텐느의 아들인 삐에르가 해적선에 인질로 잡혀있었을 때, 프랑스 선원들이 자기들을 도와 영국 사람들과 싸우자고 요청하였다. 그때 삐에르는 만일 무기만 손에 있으면, 영국 사람들이 아니라 자기를 인질로 잡고 있는 프랑스 사람들과 싸울 것이라고 대답하였다. 삐에르는 영국이야말로 자기의 조국이며 친구라고 표명했다. 몇 년이 안 되어 루이 14세는 패전하고 연합군이 승리하였다. 승리를 이끈 원동력은 삐에르 같은 한 소년의 충성심 뿐 아니라, 예전에는 루이 14세의 백성이었던 프랑스인(위그노) 수천 명이 참전하여 전술을 발휘한 덕분이었다.

10장. 영국의 위그노들

　　여러 교회에 보관된 세례 명부, 혼인 명부, 사망 명부들은 위그노들이 영국에 정착한 역사를 추적하는 데 도움을 준다. 많은 위그노들이 런던으로 갔다. 그곳에는 일찍이 16세기 초부터 위그노 교회들이 있었기 때문이다. 잘 알려진 교회는 런던의 뜨레드니들 가에 있는 위그노 교회이다. 그 교회는 1666년 대화재가 발생한 후에 개축되었는데, 프랑스 신교 신자들이 예배를 드리는 중심지가 되었다.

　　뜨레드니들 가에 인접해있는 한 저택에는 존 후블론Houblon(우블롱)경과 그의 부인 마리가 살았다. 그는 초기 위그노 망명자의 손자로 영국의 국민이 되었다. 그는 부자로 성공하여 1695년에 런던 시장이 되었다. 그보다 한 해 전에 그는 1만 파운드를 영국 은행에 입금하였다. 그 은행은 오라니에의 빌렘이 루이 14세와 싸우는 것을 돕는 기금을 조성하기 위해 설립된 것이었다. 후블론은 그 은행의 초대 은행장이 되었다. 24명의 설립이사 가운데 7명이 후블론의 자손이었다. 빌렘을 위해 참전한 프랑스(위그노) 군인들과 선원들이 그랬던 것처럼, 후블론도 루이 14세가 패전하는 것을 보고 싶었던 것이다. 여러분은 아마도 그 영국 은행이 때때로 "뜨레드니들 가의 노부인"이라고 불리는 것을 아실지 모르겠다. 18세기에 그 은행이 건축되었는데, 다름 아닌 바로 후블론의 집터에 건축되었다. 아일랜드 은행의 초대 은행장도 역시 위그노였다.

• **존 후블론**

위그노들은 영국의 은행업자로 활동했을 뿐 아니라 지폐를 인쇄하는 일도 하였다. 이 일은 뽀르딸 가족이 도맡았다. 그들은 햄프셔에 제지 사업을 차렸는데 지금도 계속되고 있다. 그 가족은 프랑스에 있을 때 용기병에게 끔찍한 공포를 겪었다. 그들은 도피했다가 발각되는 바람에 양친부모와 그리고 아이 한 명이 살해당했던 것이다.

나머지 4명의 자녀는 큰 화덕에 숨어 살아남았다. 그들은 해안을 향해 길을 떠나 보르도에 도착하였고, 거기에서 화란으로 가는 상선에 탑승한 후, 이번에는 통속에 몸을 숨겨 탈출할 수 있었다. 뽀르딸 가족 가운데 앙리와 기욤은 오라니에의 빌렘을 위해 싸웠고, 그와 함께 영국으로 건너갔다. 앙리는 거기에서 제지 공장을 세웠다. 뽀르딸 가족이 만든 종이는 그때까지 사용되었던 거친 갈색 재질과 달리 흰색을 띤 고운 종이였다. 그래서 지폐를 인쇄하기 원하는 은행업자들은 당연히 뽀르딸 가족에게 필요한 만큼 특수용지를 만들어달라고 의뢰하였다. 그 회사는 오늘날도 여전히 종이를 생산하고 있다.

거의 모든 산업과 예술과 기술 분야에서 위그노들을 발견할 수 있다. 다니엘 마로라는 디자이너는 의자에 새로운 패션을 창안하였고, 화란 풍이지만 자기 나름의 양식으로 청색과 백색의 델프트 차이나 도자기를 선보였다. 위그노들은 벽걸이 융단과 양탄자 직조 기술을 영국에 들여왔고, 런던 스피탈필즈에서는 비단을 생산하였다. 그들은 의류 제조와 관련된 모든 일에 능숙하였다. 낭뜨 칙령 철회 이전과 이후에 위그노 망명자들은 유리, 시계, 비단 양말, 펠트 등을 만드는 비법을 가지고 왔다. 어떤 이들은 금속 기공에 고급 기술을 가지고 있었다. 대표적으로 유명한 은세공이었던 뽈 드 라므리 같은 사람은 그림에서 보는 바와 같은 격조 있는 커피포트를 만들었다.

• 뽈 드 라므리의 커피포트

위그노들은 비누 제조로부터 식초 양조에 이르기까지 모든 사업에 참여하였다. 실제로 어떤 작가가 다음과 같이 썼다.

"영국에는 거의 기술이 없었는데, 프랑스로부터 대거 유입된 숙련된 기술자들로 말미암아 즉시 큰 수익을 피부로 느끼게 되었다. 그들은 이미 설립된 산업을 증진시켰을 뿐 아니라 아주 새로운 부문의 사업들을 많이 들여왔다. 그들은 기술과 지성을 발휘하고 근면하게 일하여 영국에 많은 것으로 갚아주었다. 영국이 그들에게 환대를 베풀어주었고, 아무 것도 없던 시기에 후하게 피신처를 제공하였기 때문이다."

영국에게 유익이 된 것은 모두 루이 14세에게는 손실이 되었기 때문에, 위그노의 공헌은 두 배의 가치를 보여준 셈이 되었다.

다음의 지도는 위그노들이 영국에 정착한 중요한 지역들을 보여준다. 가장 규모가 큰 초기 정착지는 캔터베리, 노리치, 사우샘프턴이었다.

• 1700년 위그노 교회들이 있던 영국도시들

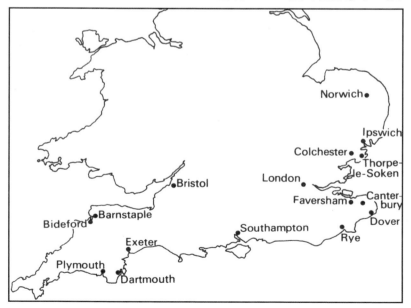

  낭뜨 칙령이 철회된 후에 더 많은 망명자들이 왔는데, 특히 콜체스터, 엑세터, 플리머스 그리고 브리스틀에 정착하였다. 새로운 망명자들의 일상과 직업 그리고 신앙생활을 알아보고, 그들에 대한 영국인 이웃들의 반응을 알아보기 위해서, 우리는 브리스틀 정착지를 조금 더 자세히 살펴보려고 한다.

  배를 타고 브리스틀에 도착한 위그노 망명자들은 브리스틀 해협으로 들어와 에이번 강물을 거슬러 저 유명한 클리프턴 협곡을 통과하였다. 그때 구름을 배경 삼아 우뚝 솟은 열일곱 교회의 첨탑과 함께 브리스틀 시의 첫 모습이 그들의 눈에 들어왔다. 그들이 탄 배는 아마도 프롬Froome(지금은 Frome)강으로 방향을 바꾸어 세인트 어거스틴스 백의 큰 부두에 물품과 승객을 내려주었을 것이다(1673년에 제작된 브리스틀 지도에서 이 부두를 볼 수 있다). 수년 전에 이 도시를 방문한 일기작가 존 이블린은 다음과 같이 묘사하였다.

  "브리스틀에 도착했다. 브리스틀은 런던에 필적하는 도시이다. 크기 때문이 아니라 건물의 모양과 상점, 교각, 교통량, 시장 등등 때문이다. 이 도시는 저 유명한 세번 강 근처에 있는 굉장한 교역 중심지로 아일랜드와 서구 세계와 널리 교역한다. 나는 여기에서 처음으로 설탕을 정제하는 방법을 보았다."

  여기에 참조한 브리스틀 지도는 이 도시의 "시민이며 거주자"인 제임스 밀러드가 제작한 것이다. 가장자리를 돌아가면서 에이번 강 위에 세운 교각 같은 그림들이 있다. 밀러드의 묘사를 따르면, 이 다리는 "아주 완벽하고 도도한 석조 교각이다. 그 양쪽에는 주택들과 상점들이 늘어서 있다. 이 다리는 비록 길이에 있어서는 템스 강 위에 세워진 저 유명한 런던교보다 못하지만 우아함으로 말하자면 훨씬 앞선다."

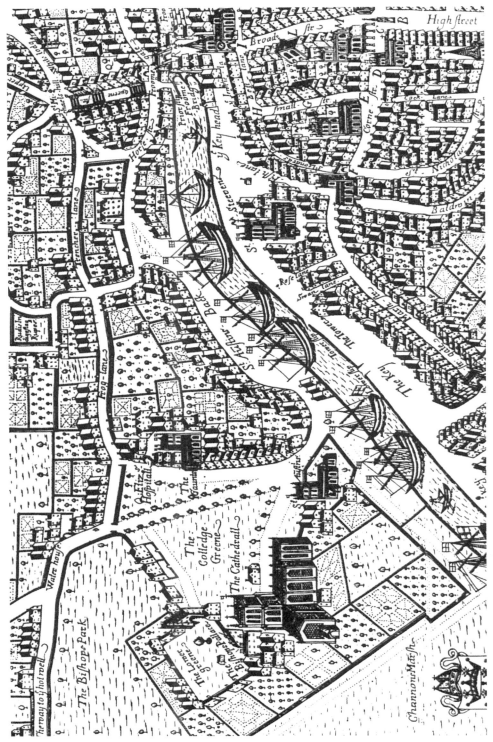

• 1673년에 제작한 브리스틀 지도 일부

• 브리스틀교

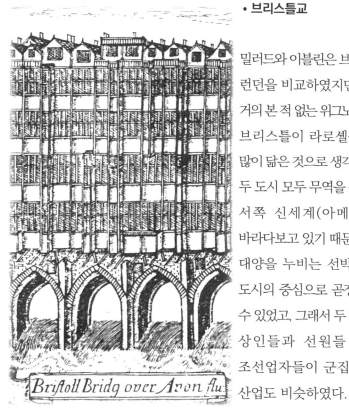

Briftoll Bridg over Avon flu

밀러드와 이블린은 브리스틀과 런던을 비교하였지만, 런던을 거의 본 적 없는 위그노들에게는 브리스틀이 라로셸을 가장 많이 닮은 것으로 생각되었다. 두 도시 모두 무역을 목적으로 서쪽 신세계(아메리카)를 바라다보고 있기 때문이다. 대양을 누비는 선박들은 두 도시의 중심으로 곧장 들어올 수 있었고, 그래서 두 도시에는 상인들과 선원들 그리고 조선업자들이 군집하였다. 산업도 비슷하였다.

예를 들면, 의류 생산은 브리스틀이나 라로셸에 모두 중요한 사업이었다. 대부분 위그노들은 브리스틀에서 쉽게 일자리를 찾았고, 일자리 기회가 있다는 소식이 다른 사람들을 끌어당겼다. 그래서 브리스틀 망명지는 더 커져서 1705년경에는 적어도 324개의 위그노 가정이 생겼다. 망명자 가운데 80퍼센트에 육박하는 많은 사람들이 프랑스의 서해안인 라로셸, 쌩똥즈, 오니, 뿌아뚜 지방에서 왔는데, 그것은 그다지 놀라운 일이 아니다.

브리스틀에 정착한 위그노들의 직업이 모두 알려진 것은 아니지만,

다음 149명에 대한 표를 보면 어떤 직업을 가진 사람들이 브리스틀에 왔는지 알 수 있을 것이다.

직조공 50명(33.5%)	선원 47명(31.5%)	상인 15명(10%)
재단사 7명(4.7%)	의사 4명(2.6%)	
피혁공, 모자 제조공, 목회자 각 3명(2% X 3)		
금세공사, 제화업자, 통 장이 각 2명(1.3% X 3)		
기와 제조인, 가구장이, 막노동자, 열쇠 제조공, 지주, 농경인, 시계 제조공, 학생, 버터 제조공, 가발 제조공, 미늘창 군인 각 1명(0.6% X 11)		

　거의 모든 사람들이 브리스틀에서 유사한 직업을 얻은 것처럼 보인다.
　해양 운수업은 브리스틀의 번영에 초석이 되었다. 여기 1678-79년에 브리스틀로 화물을 날랐던 265척의 선박들이 방문했던 나라들과 항구들의 명단이 있다.

아일랜드 77	인도 서부 50	미국 28	스페인 25	로테르담 16
프랑스 15	스코틀랜드 8	노르웨이 8	포르투갈 6	함부르크 4
스톡홀름 3	뉴펀들랜드 3	자킨토스 2	마데이라 2	기타 18

　이런 정보로부터 브리스틀의 주요 수입품이 무엇이었는지 알아낼 수 있다. 아일랜드는 브리스틀의 세 가지 주요 산업을 위해 비누, 가죽, 양모 같은 원료를 보냈다. 인도 서부로부터는 설탕이 왔고, 미국에서는 담배가 왔다. 이블린과 그의 동료 일기작가 페피스는

스페인 산 고급 포도주에 관해 글을 썼는데, 페피스는 그 포도주를
"브리스틀 우유"라고 불렀다. 그 백포도주는 오늘날도 여전히
그 이름으로 알려져 있다. 모든 상품이 화란과 프랑스에서 왔다.
1650년에 라로셸에서 도착한 배는 "소금, 식초, 자두, 포도주 앙금,
종이, 그리고 소품과 필수품을 싣고 왔다." 브리스틀은 교환물품으로
영국 서부에서 생산된 버터와 기타 농산물 또는 인근에서 채굴한
석탄을 가지고 갔다.

  부유한 위그노 상인들은 자신들의 재산을 프랑스에서 가져오면서
과감하게 선박을 이용하여 화물로 실어날았다. 그 결과 단시간에
브리스틀에는 서너 위그노 가정이 최고부자들 틈에 끼었다. 1693년
초엽, 브리스틀 시장은 위그노의 원로 상인 에띠엔느 쁠로깽에게
큰 존경의 의미로 시민권을 수여하였다. 사실 이미 많은 사람들이
프랑스 공동체에 이런 존경을 표했다. 에띠엔느의 손자 다비드는
1699년에 출생하였는데 1751년에는 브리스틀의 시장이 되었고,
1766년에 이복여동생 마리-안느에게 8만 파운드나 유산으로
남기고 죽었다. 흥미로운 것은 마리-안느가 수년 후에 죽으면서
19만 파운드를 브리스틀의 가난한 사람들을 돕는 자선단체의 설립
기금으로 남겼다는 사실이다. 다른 여러 가지 사업들은 차치하고,
이 자금의 이자를 가지고 매년 브리스틀에서 38명의 가난한 남자와
38명의 가난한 여자에게 대략 6파운드씩 지급을 하였다. 당시에
6파운드는 서너 달치의 급료에 해당하는 금액이었다. 지금은 그
돈이 한 빌딩에 투자되었다. 그 빌딩은 최근에 현대식으로 수리하여
쁠로깽 챔버스 Peloquin Chambers라는 이름의 사무실용 빌딩으로
바뀌었다. 이 건물은 프랑스 망명자들이 대부분 처음 도착했던
바로 그 지점인 세인트 어거스틴스 퍼레이드에 위치하고 있으며,

브리스틀의 위그노 역사를 보여주는 기념물이다.

임대료와 다른 수익금으로 쁠로깽 구호금은 지금도 정기적으로
분배되고 있으며, 일정 금액은 브리스틀 초등학교의 장학금과
보조금으로 사용되고 있다. 이렇게 생활이 어려운 위그노들에게
제공된 자선금은 충분히 상환되어 왔으며 지금도 상환되고 있다.

18세기에 라로슈 가문은 브리스틀에서 쁠로깽 가문만큼 부유하고
유명하였다. 여기에 그 가문의 계보가 있다.

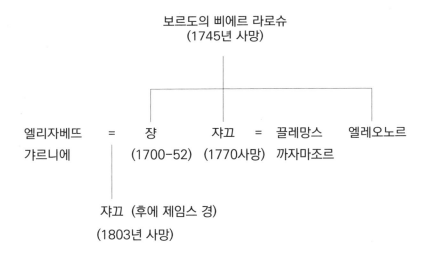

삐에르 라로슈의 자녀들은 영국에서 출생하였다. 쟝은 결혼을
잘해서 의회원이 되었고, 쟈끄도 역시 다른 부유한 위그노 상인의
딸과 결혼을 잘하여 1731년 쯤 자메이카에서 물품을 수입하는
자신의 사업을 시작하였다. 그는 1739년에 발발한 스페인 전쟁에서
벌인 여러 활약상 덕분에 유명해졌다. 그때 그는 다른 사람들과 함께
대포 20문과 선원 오십 명을 갖춘 200톤 규모의 "메리 여왕호"라는

배를 조달해주어 적선을 먹이로 삼았다. 전쟁이 한창일 때
브리스틀에서 96척의 사략선privateer이 전투 준비를 갖추었는데,
그 가운데 최소한 10척은 쟈끄 라로슈의 소유였다. 여기에 1744년
9월호 "브리스틀 오라클"에 실린 광고문이 있다. 그것은 라로슈와
이해관계가 걸려있었던 배들 가운데 하나인 "리졸루션 호"를 자세히
묘사하고 있다. 1744년 영국은 프랑스와도 전쟁을 벌였고 라로슈와
그의 동업자들은 그 해와 그 다음 해에 그들의 사략선들 중에 하나인
"사우스웰 호" 덕분에 횡재를 했다. 그 배는 19개월 동안 지속된
항해에서 적선 11척을 나포했던 것이다.

  그 전에 이 배는 다섯 주 동안 8번이나 포획을 하였다! "사우스웰
호"는 사략선으로 마지막 항해를 하는 동안에는 별 소득을 올리지
못하였다. 한 척 나포한 것을 동료들과 분배하였는데, 쟈끄
라로슈에게 157파운드 6실링 5½페니를 들인 대가로 겨우 11파운드
16실링 3페니가 돌아갔다! 이제 동업자들은 그 배를 노예선으로
사용하기로 결정하였다.

  쟈끄 라로슈와 그가 동업자로 삼은 같은 이름의 조카는 노예매매에
큰 관심을 가졌다. 그러나 이 끔찍한 무역에 반대하는 사람은 아무도
없었다.

  수년 간 이 문제가 의회에서 논의되고 있는 동안 조카 쟈끄 라로슈
는 이제 그의 아버지처럼 하원 의원이 되어 상인의 교역 권리를 강력
하게 주장하였다. 의심할 바 없이 그 자신과 그의 삼촌은 노예 매매로
큰돈을 벌었다. 1746년 "사우스웰 호"가 노예선으로 첫 출항한 이후
301명의 노예가 서인도 제도에 하선되어 브리스틀을 부강하게 만든
설탕재배 같은 농작을 위해 끝없이 고생스런 삶을 맞이하였다.

BRISTOL, Sept. 18, 1744.

ON A

CRUIZE

And will Sail in a very fhort Time,

The RESOLUTION *Privateer,*

Capt. *Thomas Elworthy,* Commander,

Burthen 2co Tons, a prime Sailer, mounts 16 Carriage Guns 6 Pound-ers, 20 Swivels, and 160 Men.

ALL Gentlemen Sailors, willing to ferve on board the faid Ship, now lying in the Dock, near the great Crane, may apply to the Captain, on board, where they fhall have all proper En-couragement ; or, at Mr. *James Ward's,* at the *Lamb* and *Flag* on the Key, near the *Merchant's-Hall,* which is the Place of Rendezvous.

이 투기 사업에 관여한 삼촌 쟈끄 라로슈는 항해하는 동안 흑인 150명이 죽은 것에 관심을 보였는데, 그 관심은 아마도 단지 큰 손해를 보았기 때문에 생겼을 것이다.

사략선과 노예매매로 얻은 수익 덕분에 라로슈 가문은 안락한 삶을 영위할 수 있었다. 다른 부유한 브리스틀 상인들과 마찬가지로, 그들은 최신식이며 일류인 스퀘어 지역에서 값진 호두나무 가구가

즐비하고 고가의 커튼과 거울 그리고 은그릇을 갖춘 대저택에서
살았다. 그들의 지하실은 적포도주와 "브리스틀 밀크"(셰리 주)로
꽉 채워져 있었다. 그들의 직업은 힘겨운 것이었지만, 삶은 격조
높게 살았다. 그러나 이 가문들이 전형적인 브리스틀 위그노의
모습이라고 생각해서는 안 된다. 선장이나 상점주인 그리고 변호사
같은 많은 사람들은 꽤 잘 살았지만, 반대로 노동자들이 받는
월급은 25실링 정도였고, 기술자들은 기껏해야 55실링을 받았다.
노인들이나 병자들 그리고 어린 아이들을 데리고 있는 과부들은
로얄 바운티(정부 보조금)라는 자선단체의 도움을 받아야만 했다. 이
단체로부터 브리스틀은 해마다 처음에는 12파운드 그리고 후에는
18파운드를 제공받았다. 다른 공동체들에게 나타나는 현상과 똑같이,
브리스틀 위그노들 가운데는 아주 부유한 사람들과 아주 가난한
사람들이 있었고, 늘 그렇듯이 가난한 사람들이 부유한 사람들보다
많았다. 이것은 시의회를 고민스럽게 만들었는데, 특히 망명자들이
처음 도착했을 때 그랬다. 1681년 브리스틀 시장은 "이미 도착한
프랑스인들을 어떻게 대우해야 할지 충분한 지침을 주십시오"라고
런던의 한 장관에게 편지를 썼다.

　1693년 브리스틀에 소속된 하원 의원은 그의 표현을
따르자면 "개구리 상륙자들"을 반대하는 연설을 하였고, 연설
끝에는 외국인들을 영국에서 추방하자고 호소하였다. 이것을
볼 때 모든 사람이 위그노를 환영한 것이 아님을 알 수 있다.
가난한 위그노들에게는 구호금을 주는 것이 아까웠고, 부유한
위그노들에게는 적개심이 일어났기 때문이다.

　위그노들은 영어를 습득하고 브리스틀의 일원이 되기까지
자신들만의 교회에 출석하였다. 이 장의 시작 부분에 있는 지도를

다시 살펴보면, 칼리지 그린 맞은편에 곤츠라는 건물을 발견할 것이다. 그것은 브리스틀 자치회에 속한 세인트 마크 채플의 다른 이름이다. 브리스틀 트렐로니 감독의 연줄을 통해 위그노들은 1687년부터 시 자치회 반환을 요구한 1720년까지 그곳에서 예배를 드릴 수 있었다. 그래서 위그노들은 오처드 가에 자신들의 채플을 건축하였고, 마지막 목사인 삐에르 고띠에가 1791년에 사망하기까지 거기에서 예배를 드렸다. 그 교회는 더 이상 존재할 필요가 없게 되었고, 위그노들이 이름 외에는 브리스틀 사람들과 다른 것이 없게 되었기 때문에, 1814년에 공식적으로 해체되었다.

위그노들은 브리스틀에 큰 변화를 가져다주지는 않았지만, 변화에 보탬이 되었고 브리스틀의 발전에 한 몫을 해냈다. 진실하게 열심히 일하는 그리고 마침내 브리스틀의 일부가 되어버린 프랑스 신교 공동체들의 기술과 자원이 없었더라면, 거의 의심할 바 없이 오늘날 많은 영국 도시들은 훨씬 가난한 상태가 되었을 것이다.

11장. 이야기를 마치며

  1685년 라로셀의 위그노 교회가 파괴되었을 때, 그 교회의 종은 가톨릭의 소유가 되었다. 처음에는 그 종이 신교 신자들을 예배하러 오라고 부르는 소리를 내는 데 사용되었지만 마침내 배교한 죄를 종식했다는 표시로 땅에 묻혔다. 그 후 두 명의 가톨릭 신자가 산파와 유모의 역할을 하는 행사를 치르면서 그 종을 땅에서 파내어 상징적으로 되살려냈다! 이어서 그 종은 세례를 받고 이웃 가톨릭 교구로 넘겨졌다. 프랑스에 남아있는 모든 위그노들이 그렇게 되기를 바라는 가톨릭 신자들의 염원을 따라 그것은 이제 "새로운 회심자"가 된 것이다. 위그노들을 가톨릭으로 돌이키는 것을 장려하기 위해서 3년 동안 빚 갚는 것을 면제해주는 것 같은 특권들을 부여하였다. 이 때문에 그 종의 새 소유주들은 종 값을 요구받았을 때, 동일한 면제를 주장하였고 3년이 지나기까지 값을 치르지 않겠다고 말하였다.

  박해 때문에 다시 가톨릭으로 전향하는 사람들이 많이 생기기는 했지만, 대부분은 진정한 가톨릭 신자가 되지 않았다. 이런 현상은 가톨릭 교회의 영예와 영향력을 실추시켰다. 어떤 이들은 강요에 못이겨 가톨릭 신자라고 말하기는 했지만, 비밀 신교 신자로 남았다. 그런 사람들 가운데는 남프랑스의 랑그독에 있는 작은 산마을에 살았던 쟝과 마리 꾸르라는 부부가 있었다. 1695년 그 부부에게서 앙뚜안느라는 아들이 태어났는데, 부모에게 거부할 용기가 없어서 가톨릭 교회의 세례를 받았다. 아버지는 앙뚜안느가 아주 어렸을 때 죽었고, 어머니는 그를 비밀 신교 신자로 길렀다. 머지않아 그는 어머니를 따라 "광야 교회"라는 집회에 참석하기 시작하였다. 앙뚜안느 자신은 성장해서 설교자가 되었는데, 자기가 섬기는 교회에는 여러 가지 약점들이 있다는 것을 신속하게 깨달았다. 그 가운데 가장 나쁜 것은 훈련받은 목사들이 없는 바람에, 선지자 또는 여선지자라는 사람들이 일어나 영향을 끼치고 있었던 것이다.

꾸르는 무지와 미신이 번지는 것을 걱정하여 깔뱅이 제시하였던 교회 조직과 치리를 다시 시행하기로 마음먹었다. 그가 신속하게 자신의 견해를 다른 사람들에게 보여주자 선지자들과 여선지자들이 점차 사라졌다. 꾸르는 신자들을 교육하기 위해 배포된 신교의 서적들, 특히 성경을 가지고 있었다. 1720년 그는 제네바에 가서 2년 동안 머물면서 지식을 향상시켰고, 여러 사람에게 자신이 프랑스에서 시도하고 있는 사역에 관심을 갖게 만들었다.

꾸르는 그후 여러 해 동안 프랑스 전역을 다니면서 설교를 하였고 자신이 방문한 지역에 신교 교회를 조직하는 데 힘을 기울였다. 모든 일을 비밀리에 진행해야만 했다. 때로는 그의 목숨이 위태로운 적도 있었다. 어떤 목사든지 체포되기만 하면 처형을 당했기 때문이다. 한번은 그가 나무 아래서 설교를 작성하고 있는데 한 무리의 군인들이 저 멀리 모습을 드러내었다. 그래서 꾸르는 재빨리 나무

위로 타고 올라갔다! 다른 한번은 그가 머물고 있는 집이 수색을 당했다. 집주인은 병이 든 척 하였다. 군인들은 "병자"를 배려해서 그의 침대 쪽으로는 가지 않았다. 군인들은 자신들이 찾고 있는 신교 목사가 침상 뒤에 숨어있다는 것을 전혀 눈치 채지 못하였다. 꾸르는 이런 식으로 활동하여 광야 교회를 구출하고 강하게 만들었다. 그 결과 새로운 교회들이 많이 형성되었다. 그러나 교회를 목회할 목사들이 터무니없이 부족해서 꾸르는 프랑스를 떠나 스위스 로잔에 젊은이들을 목회자로 훈련하는 학교를 열었다. 여기에서 그들은 단순히 지식뿐 아니라, 신앙을 위해 죽음도 맞이할 수 있는 영적인 힘을 얻었다.

꾸르의 제자 한 사람은 노르망디에서 사역을 시작하였다. 그는 여러 해 동안이나 목사가 없었던 교회로부터 열렬한 환영을 받았다. 그러나 버거운 사역과 계속되는 위험 때문에 그 젊은 목사는 건강에 해를 입고 말았다. 그래서 그는 어쩔 수 없이 저르제로 몸을 피하였다. 그 후 그의 소식은 브리스틀에서 듣게 된다. 그가 바로 1758년 브리스틀 위그노 교회의 목사가 된 삐에르 고띠에이다. 그는 한 번도 옛 스승 앙뚜안느 꾸르를 잊은 적이 없었다. 그래서 그는 수년 동안 꾸르에게 편지를 썼고, 후에는 사역을 이어 받은 그의 아들과 서신교환을 하였다. 고띠에 목사가 사망하기 4년 전이자 1789년의 프랑스 대혁명이 일어나기 2년 전에 프랑스에서의 박해가 종식되었다. 당시의 사상에 큰 변화가 일어나서 신교 신자들의 "자연권"도 박탈해서는 안 된다는 견해가 수용되었다. 이것은 위그노들이 다시 종교 집회를 할 수 있다는 것을 의미하였다. 이렇게 하여 앙뚜안느 꾸르와 그의 아들이 수고한 사역은 헛수고가 돌아가지 않았다. 그들 덕택에 프랑스에는 여전히 신교 신자들이 살아남아서 자유를 누리게 되었기 때문이다. 그러나 해외로 나간 위그노들은 이미 자신들이 살고 있는 사회의 구성원이 되어버렸으므로 돌아오지 않았다. 심지어 프랑스에서 사역했던 고띠에 목사도 돌아오지 않고 1791년 사망할 때까지 브리스틀에 있는 작은 교회를 섬겼다.

이렇게 박해는 끝났다. 오늘날 과거의 위그노들에게 일어났던 일들을 돌아볼 때, 우리는 공포감과 비통함을 느낄 뿐 아니라 그들의 업적에 감탄사도 발하게 된다. 여러 면에서 당시에 가장 유능한 종교지도자였던 쟝 깔뱅은 위그노의 선도자라고 불릴만하다. 위그노들은 꼴리뉘를 기품이 넘치는 군사 지도자로 추종하였다. 아마도 앙리4세는 프랑스에서 가장 위대한 왕이었고, 그의 재상 쉴리는 천재적인 대변인이었다. 베르나르 빨리씨는 탁월한 예술가이자 명장이었고, 아그리빠 도비녜는 위대한 프랑스 시인이었다. 거대한 시련 앞에서 앙뚜안느 꾸르 목사가 보여준 용기와 지도력은 반드시 언급될만하며, 많은 이름 없는 위그노들의 생활도 마찬가지이다. 우리는 쟝 미고, 쟈끄 퐁텐느, 그리고 쟝 마르뗄르를 그들이 남긴 비망록과 일기를 통해 알고 있지만, 그 외에도 그들과 마찬가지로 의연하게 고난을 겪었던 수많은 사람들이 있었다. 그리고 신앙을 포기하느니 차라리 죽음의 길을 갔던 필리베르 아블랭 같은 사람들도 많이 있었다. 프랑스를 떠난 위그노들은 근면하게 기술을 발휘하여 새로 정착한 나라들에게 많은 것을 제공하였다. 오늘날도 많은 나라들에서 감사한 마음으로 그들을 기억하고 있는데, 특히 다음처럼 자랑스럽게 말할 수 있는 사람들이 그렇다. "나의 선조는 위그노였다."

자료 출처

 이 책에 들어있는 많은 정보는 영어나 프랑스어로 집필된 프랑스 역사 개론서들에서 찾아볼 수 있다. 저 유명한 프랑스 철학자인 볼테르Voltaire가 저술한 "루이 14세의 시대"를 참조하였고, 무엇보다도 낸시 미트포드Nancy Mitford가 쓴 "태양 왕"은 흥미로운 것들을 많이 발견할 수 있는 멋진 서술이다. 대부분의 역사들과 마찬가지로 우리도 역시 당시 사람들이 남긴 편지, 일지, 일기, 서적들을 사용하였다. 예를 들면, 베르나르 빨리씨는 도자기 제조뿐 아니라 자신의 삶과 사상에 관해서도 많은 글을 썼다. 바로 그의 글을 통해서 우리는 필리베르 아블랭과 쌩트의 초기 신교 신자들에 관한 지식을 얻었다. 쉴리 대공 같은 요직의 인물들이 남긴 비망록은 프랑스 왕국의 역사에 관한 자료를 제공해주며, 쟝 미고 같은 이들은 평범한 신자들이 얼마나 믿음을 잘 지켰는지 보여준다. 그림들과 판화들은 정보를 제공하는 확실한 자료가 된다. 또한 고도의 기술을 지녔던 위그노 장인들이 만들어낸 작품들을 박물관들과 개인 소장품들에서 만나볼 수 있다. 양탄자, 은그릇, 가구와 시계는 흔히 볼 수 있는 물건들이다. 아직도 그대로 남아있는 위그노 가옥들도 있는데, 캔터베리에 소재하는 위그노 직물업자의 주택을 예로 들 수 있다. 거기에는 직기들도 잘 보존되어 있다. 프랑스에 가면 위그노의 유적이 있는 라로셸 같은 곳들을 방문할 수 있다. 특히 시립 자료보관소에는 라로셸 항구의 역사에 관한 기록과 문서가 소장되어 있다. 브리스틀에도 역시 자료보관소가 있는데, 견습생 명부, 선거인 명부, 빈민 명부, 임대료장부 등으로부터 수집한 정보가 보관되어 있다. 또한 영국에는 위그노 교회들이 보관했던 교인 명부들도 있다. 많은 학자들이 이 명부들을 주의 깊게 연구하였다. 특히 런던 위그노 협회의 연구원들은 프랑스와 여러 외국에 정착한 위그노의 역사에 관해 많은 논문과 방대한 연구서들을 출판하였다. 그 협회는 위그노와 연관된 서적과 문서를 소장한 훌륭한 도서관을 가지고 있는데, 위그노 선조들을 배우기를 희망하는 후손들은 이 자료들을 자주 열람한다. 이 위그노 협회는 전 세계에 회원을 가지고 있다.

16-18세기 프랑스 왕가의 계보

1 = 1대, 1) = 2대, (1) = 3대, [1] = 4대

| 나바레 왕국 | 메디치 가문 | 스코틀랜드 왕국 |

+결혼 ♛왕 ♛왕비/여왕

Guise 가문	Valois-Angloulème 왕가		Bourbon 왕가 Princes of the Blood	Montmorency 가문 Coligny-Châtillon
	1.François I 1494-1547 ♛ 1515-47			
	(sister) Marguerite + ♛ de Navarre 1492-1549		1.Henry II de Navarre 1503-55	
1.François 1519-63	1)Henri II + 1519-59 ♛ 1547-59	Catharine de Medicis 1519-89	1)Jeane + 1.Antoine ♛ d'Albret 1518-62 1528-72	Gaspard 1519-72 Admiral
	(1)François II + 1544-60 ♛ 1559-60	Mary Queen of Scots ♛ 1542-87		
1)Henri I 1550-88 Duke of Guise	(2)Charles IX 1550-74 ♛ 1560-74			
	(3)Henri III 1551-89 ♛ 1574-89			
	(4)Marguerite + 1553-1615 1572 dissolve 1599		1)Henri de Navarre 1553-1610 King of Navarre 1562-89 King of France ♛ 1589-1610	+ Marie 1600 de Medicis 1573-1642
			(1)LouisXIII 1601-1643 ♛ 1610-1643	
			[1]LouisXIV 1638-1715 ♛ 1643-1715	

역자 후기

　프랑스 신교도(프로테스탄트)를 통틀어 일컫는 위그노는 아주 오래 전부터 나의 관심을 자극하였다. 종교개혁 어간에 시작된 프랑스 위그노는 박해와 피난을 겪으면서 지금 소수로 남기까지 자그마치 500년 동안 인고의 시간을 보냈다. 우선 이것은 당연히 위그노가 이렇게 긴 고통의 역사 속에서 어떻게 생존할 수 있었는지 궁금증을 불러일으켰다. 하지만 이보다 더 알고 싶었던 것은 보장된 성공과 소중한 삶터 그리고 고귀한 목숨까지 신앙을 지키기 위해 아낌없이 내버린 위그노의 정신이었다.

　이 책은 박해와 망명을 위주로 쓴 글이라 위그노에 관한 모든 것을 알기는 힘들어도, 여러 사건들과 여러 인물들을 생동감 있게 묘사하여 온갖 모진 고난에도 불구하고 신앙을 지키려 했던 위그노의 정신이 무엇이었는지 영화처럼 보여준다. 독자는 이 책으로부터 신앙을 위한 프랑스 위그노의 희생을 톡톡히 읽어낼 것이다. 믿음을 위해 흙에 쏟은 붉은 피, 박해 앞에서 공포에 찌든 마음, 기나긴 피난생활로 타버린 육체, 그리고 겨우 목숨을 부지하고도 감사하던 뜨거운 눈물 말이다.

　이 책을 편집하고 출판하는 데 크게 수고한 아들 조예람 군에게 고마움을 표한다.

2018년 5월 역자 씀

그림목록

58p. <Bernard de Palissy in zijne werkplaats>, Joseph-Nicolas Robert-Fleury, 1843.

61p. 빨리씨의 접시, 역자 촬영.

64p. <Entrance of Henry IV in Paris 22 March 1594>, 작가미상, 1594.

68p. <Maximilien de Béthune, 1er duc de Sully>, 작가미상, 17세기.

70p. <Portrait of Agrippa d'Aubigné>, Bartholomaüs Sarburgh, 1622.

72p. <Henry III of France>, Emanuel van Meteren, Simeon Ruytinck, 1614.

79p. <Cardinal de Richelieu>, Philippe de Champaigne, 1642.

82p. <Siege of La Rochelle>, Jacques Callot, 1630.

84p. <Siege of La Rochelle>, Henri-Paul Motte, 1881.

88p. <The school master>, Abraham Bosse, c.1635-38.

95p. <Louis XIV (1638-1715)>, Hyacinthe Rigaud, 1701.

96p. <Versailles>, Israel Silvestre, 1682.

98p. <François Michel Le Tellier (1641-1691)> Pierre Mignard, 17세기.

102p. <An engraving of a French patronne galley from Plan de Plusieurs Batiments de Mer avec leurs Proportions>, Henri Sbonski de Passebon. c.1690.

110p. <l'assemblée des protestants de Nismes au desert>, 그림 Joseph Boze(1780), 판화 Henriquez(1785), 1780-1785.

113p. <Jean Cavalier, chef camisard>, Pierre Antoine Labouchère, 1864.

116p. <Barnstaple and Pilton On River Taw>, 미상, c.1746.

120p. <Willem III (1650-1702), prins van Oranje. Stadhouder, sedert 1689 tevens koning van Engeland>, Willem Wissing, Peter Lely, 1680-1710.

126p. <View of the Damrak in Amsterdam>, Jacob van Ruisdael, c.1670.

129p. <Sir John Houblon Knight the Alderman, LORD MAYOR of the CITY of LONDON Anno 1696 and at the Same Time One of the Lords of the High Court of Admiralty & the first Governour of the BANK OF ENGLAND. Etatis 68> 작가미상. c.1696.

131p. <Coffee jug>, Paul de Lamerie, 1738. Daderot 촬영.

본서가 담은 일부의 그림과 사진은 번역 원서인 'the Huguenots'에서 편집되었습니다.

Some of the pictures and drawings in this book are extracted and derived from the original book 'the Huguenots' by Alison Grant, Ronald Mayo.